Guia de estilo Web

Produção e edição de notícias on-line

Dados Internacionais de Catalogação na Publicação (CIP)
(Câmara Brasileira do Livro, SP, Brasil)

Moherdaui, Luciana
Guia de estilo Web : produção e edição de notícias on-line / Luciana Moherdaui. – 3ª ed. rev. e ampl. – São Paulo : Editora Senac São Paulo, 2007.

Bibliografia
ISBN 978-85-7359-561-1

1. Internet (Rede de computadores) 2. Jornais eletrônicos 3. Notícias eletrônicas – Coleta 4. World Wide Web (Sistema de recuperação de informação)
I. Título

00-3724 CDD-070.43

Índice para catálogo sistemático:
1. Notícias on-line : Produção e edição :
Jornalismo 070.43

Guia de estilo Web

Produção e edição de notícias on-line

Luciana Moherdaui

3ª edição
revista e ampliada

editora senac são paulo

Preparação de Texto: Roberta Stracieri
Revisão de Texto: Kimie Imai
Editoração Eletrônica: Fabiana Fernandes
Capa: Sidney Itto
Impressão e Acabamento: Cromosete Gráfica e Editora Ltda.

Editora Senac São Paulo
Rua Rui Barbosa, 377 – 1º andar – Bela Vista – CEP 01326-010
Caixa Postal 3595 – CEP 01060-970 – São Paulo – SP
Tel. (11) 2187-4450 – Fax (11) 2187-4486
E-mail: editora@sp.senac.br
Home page: http://www.editorasenacsp.com.br

Contato com a autora: lucianamoherdaui@uol.com.br

Sumário

[Nota do editor]

É impressionante como, apenas recentemente, tudo mudou na imprensa. No belo livro *Repórteres*, desta editora, organizado por Audálio Dantas e publicado em 1998, o grande mestre do jornalismo Joel Silveira conta sua experiência de visitar uma redação moderna, ele que se intitula o "último dromedário da imprensa": "O que primeiro me surpreendeu foi o quase silêncio ali imperante, só perturbado por um tilintar mais agudo, o estridular de campainhas para mim inlocalizáveis ou pelo dialogar curto e sussurrante entre um jornalista e outro".

Este *Guia de estilo Web** dirige-se a profissionais de jornalismo que representam um passo adiante dos outros, cujo silêncio supreendeu Joel Silveira. Eles já não escrevem para o jornal de

* O *Guia de estilo Web* resultou de um trabalho de conclusão do curso de comunicação social cujo título é *Edição on-line: produzindo notícias para a Web*, apresentado à Universidade Bandeirante de São Paulo (Uniban), em 1999.

papel que se vai ler algumas horas depois – são bits que levam a informação produzida por eles, e não átomos.

A velocidade dessa mudança exige maneiras novas de fazer a notícia, e tais maneiras não estão ainda formuladas com a velha sabedoria dos manuais de estilo para dromedários.

O livro de Luciana Moherdaui tem a feição pioneira de lançar formulações nesse sentido. E o Senac São Paulo, que se envolve com todas as novas técnicas que a era digital não cessa de inventar e oferece apoio a temas e recursos do jornalismo moderno, bem merece ser o agente de mais este pioneirismo.

[Prefácio à terceira edição]

Desde que a primeira versão deste livro começou a ser elaborada, entre 1998 e 1999, o jornalismo digital avançou muito no Brasil e no mundo, e não seria exagero afirmar que o *Guia de estilo Web: produção e edição de notícias on-line*, lançado pela Editora Senac São Paulo, em 2000, representa um marco na história da produção jornalística na Internet. A obra apostou em formatos textuais, mostrou a história do jornalismo digital e apontou caminhos para que conceitos acadêmicos fossem consolidados posteriormente, conforme são apresentados nos primeitos capítulos.

Hoje existe uma definição para o jornalismo praticado na Web, há diversas nomenclaturas para denominá-lo, foram estabelecidas fases de evolução, além de previsões feitas em 1995 pela pesquisadora Nora Paul e colegas do Poynter Institute – e que se tornaram polêmicas ao serem revistas em 2005, quando a autora constatou que muito pouco do que se previu não fora realizado. Características como atualização instantânea, continuidade da notícia e cobertura em tempo real de jogos, por exemplo, foram desenvolvidas no dia-a-dia da redação do jornal digital *Último Segundo*, do portal iG, sob o comando de Leão Serva e Matinas Suzuki Jr. Também foi o *Último Segundo* o primeiro jornal digital a fazer uma parceria com a rede BBC para oferta de conteúdo. O acordo deu início a outras parcerias que formam a produção do ciberespaço e fazem parte da composição noticiosa de grandes portais brasileiros. Outra iniciativa pioneira do iG no país foi o BliG, o blog do iG, criado sob minha coordenação. A importância dos padrões estabelecidos no *Último Segundo* na época de seu lançamento, em 1999, colocam-no como precursor na criação de conceitos e normatizações da produção on-line brasileira. O primeiro blog da Web foi ao ar em 1992 por Tim Bernes Lee.

Este é um livro com poucos dados, ao contrário das versões anteriores. A velocidade com que os números são atualizados na rede é infinitamente maior que a velocidade da reedição de livros. Portanto, decidi suprimir as pesquisas de comportamento dos usuários, por hoje ser possível realizá-las a partir de diversos dispositivos tecnológicos. Cada portal noticioso pode definir critérios de mensuração e obter dados concretos, conforme o tipo de software de aferição utilizado. Por exemplo, é praticamente impossível publicar em um livro a quantidade de blogs existentes se a cada segundo novos diários são criados na rede. O caminho mais prudente é ir direto à fonte. Para saber sobre blogs, basta ir ao endereço da empresa americana Tecnhorati, especializada em rastreá-los, e obter informações sobre diversas variáveis.

No caso de audiência de sites ou perfis de usuários, no Brasil há o Ibope eRatings e nos Estados Unidos, o Nielsen NetRatings.

Existe ainda uma série de fontes de consulta sobre tendências de mercado e conteúdos que estão disponíveis com um clique do mouse. Os endereços estão no capítulo "Links" deste livro.

Mais de 50 milhões de norte-americanos navegam na rede em busca de notícias, e o crescimento coincide com um maior número de pessoas com acesso à banda larga nos Estados Unidos. Nos últimos quatro anos, a penetração passou de 58% para 70%. Em domicílios subiu de 20 milhões para 74 milhões, segundo dados de dezembro de 2006 do Pew Internet Project.

No Brasil, os últimos dados do Ibope/NetRatings davam conta de 14.419 milhões de internautas que navegavam diariamente pela rede em dezembro de 2006. O número de pessoas que acessam a banda larga subiu de 671 mil em 2001 para 10,7 milhões no mesmo período, ou seja, um aumento de 1.492%. Esse percentual representa 74,1% do total dos internautas brasileiros.

O tempo gasto na Internet coloca o Brasil em primeiro lugar em horas navegadas em domicílio, que é em média de 21 horas e 38 minutos mensais. Em segundo lugar fica a França, com 18 horas e 40 minutos por mês, seguido dos Estados Unidos, com 18 horas e 5 minutos e do Japão, com 17 horas e 40 minutos.

Outra modificação nesta edição se refere à nomenclatura dos capítulos. Com a normatização de conceitos sobre o tema e a partir de leitura de ampla bibliografia, decidi alterar o nome do capítulo "Planejando notícias para a Web" para "A narrativa digital", por não ser a notícia o único gênero jornalístico utilizado na Web. Dividi a produção no ciberespaço em: a) texto multilinear (o que Palacios[1] chama de histórias multilineares o

[1] Marcos Palacios & Elias Machado. Modelos de jornalismo digital (Salvador: Calandra, 2003).

acesso hipertextual à informação); b) reportagem multiforme (que, segundo Murray,[2] compreende novos formatos narrativos); e c) pacote multimídia (de acordo com McAdams,[3] reúne todos os elementos multimídia em um template em formato flash).

Há um tópico sobre os blogs, que nasceram com o conceito de registro cronológico de idéias, notícias e opiniões na rede. É o caso, por exemplo, dos blogs dos jornalistas Ricardo Noblat e Juca Kfouri, que trabalham com o conceito de notícia, interpretação, análise e opinião. Também nos blogs é possível publicar conteúdo multimídia, como áudio, vídeo e foto.

Amplifico o conceito de pauta apresentado pela pesquisadora Carole Rich, em 1998, tendo em vista os avanços tecnológicos, o uso dos gêneros no jornalismo digital e a consolidação do usuário como produtor de conteúdo – a exemplo de portais como iG e Terra e do site Globo On-line, que decidiram investir em participação colaborativa.

Pode-se afirmar que 2006 foi o ano em que os portais brasileiros perceberam a importância da descentralização na produção de conteúdo – ação que se amplificou na rede por conta dos atentados em Londres, em 7 de julho de 2005, e fez com que os principais sites noticiosos aderissem ao movimento chamado open source. Mais importante ainda é perceber que as conclusões de minha dissertação de mestrado, defendida em meados daquele ano, coincidiram com os projetos de participação colaborativa, como a criação de uma base de dados comple-

---

2 Janet H. Murray, *Hamlet no Holodeck: o futuro da narrativa do ciberespaço* (São Paulo: Itaú Cultural, 2003).

3 Mindy McAdams, *Flash Journalism: How to Create Multimedia News Packages* (Burlington: Focal Press, 2005).

xa de usuários para originar uma rede de produção dividida geograficamente e com possibilidades de remuneração.[4]

Outra novidade no livro é esmiuçar os sistemas de publicação disponíveis para produção multimídia, delimitar o perfil do profissional que trabalha com produtos Web e destacar a importância dos blogs no jornalismo. Também aproveitei capítulos de minha dissertação, cujo tema é o usuário que lê notícias na rede, para delinear sua função na produção de conteúdo, o conceito de tempo, os métodos de aferição de audiência utilizados atualmente e como usar o banco de dados para mapear o usuário.

Os dados da pesquisa efetuada pela autora em 2001 irão constar no "Anexo" por ter como propósito a memória. Apesar de as pesquisas refletirem opiniões no momento em que são concebidas, os resultados obtidos naquela época ainda exprimem a estrutura das notícias on-line.

Na época, 436 internautas com hábito de ler notícias publicadas no *Último Segundo*, na *Folha On-line*, na *Veja On-line* e no *Estadão* e de assistir à televisão uma vez por semana responderam a um questionário e o resultado foi: o que mais chama a atenção dos leitores em notícias na Web é o título das matérias (30%); logo em seguida estão a chamada (25%) e o conteúdo (20%). Lead (13%) e foto (10%) se tornam secundários quando o assunto é mídia digital. Os usuários gastam cerca de 15 minutos a 30 minutos lendo notícias na rede (40%). E preferem matérias editadas no formato utilizado por revistas (35%), jornais

---

[4] Para saber mais sobre open source, ver Luciana Moherdaui, *Usuário de notícias no jornalismo digital: um estudo sobre a função do sujeito no Último Segundo e no A Tarde On line*, dissertação de mestrado (Salvador: Universidade Federal da Bahia, 2005), p. 120, disponível em http://www.facom.ufba.br/jol/pdf/2005_Moherdaui_dissertacao.pdf.

(31%) e informação organizada em blocos com links (28%). Eles também sugerem outras formas de edição de notícias no ciberespaço.

No final, o capítulo com dicas de produção e edição na Web e as entrevistas, as quais ainda considero atuais.

Essas modificações não ocorreram sem um amadurecimento em meus conceitos sobre o tema – antes restritos à prática nas redações on-line por que passei –, o qual se deu graças ao aprendizado que os pesquisadores Marcos Palacios e Elias Machado têm me proporcionado ao longo dos últimos 4 anos no Grupo de Pesquisa em Jornalismo On-line, da Faculdade de Comunicação da Universidade Federal da Bahia (Facom), e às suas orientações sempre pertinentes sobre meu trabalho. Agradeço também a jornalista Carol Nascimento pelas dicas de edição multimídia que aponto no terceiro capítulo.

[Prefácio]

Este pequeno livro é pioneiro no Brasil. Enquanto pululam os manuais de redação para a imprensa convencional, o surgimento de uma imprensa vigorosa na Internet ainda espera um conjunto de procedimentos que consolide as diversas novidades impostas pelas características dos novos meios e, ao mesmo tempo, aponte aquilo que, por ser essencial à atividade jornalística, permanecerá nesses novos meios.

Quando lançamos o *Último Segundo*, no final de dezembro de 1999 (antes mesmo de seu lançamento público, em 9 de janeiro de 2000), estabelecemos uma série de padrões pautados pela experiência própria e pela intuição. Um dia saberemos o quanto acertamos (por enquanto, só temos como referência o sucesso de audiência, que fez do *Último Segundo* um líder do jornalismo de Internet no Brasil durante muitos meses).

Mas fico feliz em ver que a jovem autora deste guia aponta como procedimentos necessários para o bom aproveitamento do meio vários dos padrões que adotamos. Textos curtos, para caber em uma só tela de computador, frases e parágrafos curtos para dar velocidade à leitura, textos encadeados por links para permitir diversos níveis de informação, uma pluralidade de temas e velocidade de atualização – tudo para que o leitor possa ser, de fato, o editor de seu "texto final", o organizador de um jornal próprio.

Luciana Moherdaui é um exemplo da geração que está chegando ao mercado de trabalho jornalístico e encontra uma paisagem inteiramente diferente daquela do século XX, em que imperavam a tevê e uns poucos grandes jornais.

Para os profissionais de hoje, o trabalho na Internet não é uma aposta arriscada, um salto rumo ao desconhecido. Ao contrário, desde o final de 1999, o crescimento do mercado de trabalho na Web criou quase tantas vagas quanto as disponíveis nos veículos tradicionais no eixo Rio–São Paulo.

Para essa geração, o HyperText Markup Language (HTML) – a linguagem básica da Internet – é como a lauda para os jornalistas da imprensa convencional, já não representa mistério. Ao mesmo tempo, pensar uma pauta para eles é pensar uma reportagem tridimensional, na qual recursos de vídeo e áudio se misturam aos textos de apoio, à memória, tudo em um mesmo plano, sem a linearidade dos meios mais antigos.

Com o trabalho que resultou neste livro, Luciana tem a gentileza de dividir com os circunstantes (especialmente os mais velhos, sedentos por um pouso tranqüilo nessa nova realidade de trabalho) os conhecimentos que já estão sendo consolidados em torno do jornalismo na Internet.

Há muito por vir, certamente, muito por aprender. Mas, se os leitores tiverem sorte, também muitas edições ampliadas deste manual virão para atualizar este primeiro retrato, quase em tempo real, da revolução que o jornalismo na Web vive desde o ano 2000.

Se até 1999 a Internet era um meio freqüentado apenas por um punhado de privilegiados, com a explosão da Internet grátis, a partir de janeiro de 2000, a audiência da rede tendeu a se tornar rapidamente uma representação mais fiel da pirâmide social. E, para ir ao encontro do interesse dessa massa, é preciso um jornalismo ainda mais ágil e tão plural quanto esse universo de gente.

Não é fácil. Ao contrário, é mais intenso e difícil do que produzir notícias para os meios mais antigos. Mas, com guias como este, certamente a travessia pode ser bem mais segura.

Leão Serva

"Para que qualquer produto intelectual de peso possa surtir de imediato um efeito amplo e profundo, é preciso que haja uma afinidade secreta, uma coincidência entre o destino pessoal de seu autor e o destino anônimo de uma geração."

Thomas Mann

Breve histórico do jornalismo digital

A Internet é um conjunto de recursos tecnológicos que coloca à disposição de qualquer cidadão que possui computador, um modem e uma linha telefônica uma enorme quantidade de informação e possibilidades de acesso a serviços diversificados. A chegada desses equipamentos foi um marco importante para o desenvolvimento e incremento da informação – por meio da divulgação instantânea de imagens e sons – e também para a troca de informações entre computadores e acesso aos bancos de dados.

Na década de 1970, os Estados Unidos começaram a realizar experiências para delinear o perfil do que passou a ser chamado de "cidades cabeadas" (depois, "nações cabeadas").

> A idéia de cidades interconectadas ("wired cities") foi apresentada no programa Grande Sociedade, do governo Lyndon Johnson, com o objetivo de amenizar os problemas sociais da época. O governo queria implementar programas que

aumentassem a qualidade de vida nas pequenas cidades, estimulando padrões para o desenvolvimento cultural regionalmente localizado.[1]

Baseado nesse programa, foi cunhado o conceito *think global, act locally* (pense global, aja local). Entre as suas propostas, quatro tipos de tecnologias foram designados para constituir a estrutura central das cidades conectadas: as conexões via linha telefônica; a tevê por cabos; as redes de televisão comerciais; e as redes de televisão públicas. Essa estrutura propiciou o surgimento da Infovia ou Information Superhighway (supervia de informação).

O conceito de Information Superhighway começou a ser discutido há mais de uma década, porém o termo passou a ser usado no início dos anos 1990. O termo descreve redes nacionais e internacionais de trocas de informações entre pessoas por meio de computadores. Significa um amplo leque de facilidades como a televisão interativa, filmes digitalizados, música on-line e muitas outras formas de entretenimento veiculadas por meio de computadores ou aparelhos de tevê.[2]

A Internet é uma das facetas da Infovia. A partir dos anos 1990, foi, seguramente, a que mais cresceu. O desenvolvimento da World Wide Web[3] permitiu que usuários trocassem e compartilhassem grande volume de informações – textos e imagens – disponíveis em milhares de sites.

---

1 Sebastião Squirra, *Jornalismo On-line* (São Paulo: Arte e Ciência, 1998), p. 1.

2 *Ibidem*.

3 No início da década de 1990, Tim Bernes, um britânico especialista em computação, trabalhando para o Laboratório Europeu de Física de Partículas (Cern), em Genebra, desenvolveu o projeto da World Wide Web (a parte multimídia da Internet).

O início da era da informação digital se dá nos Estados Unidos, no final dos anos 1980. Na época, a transposição da produção jornalística para a Internet estava resumida aos serviços de notícias específicas para um segmento de público, oferecidos por provedores como a America On-line.

Porém, o primeiro grande jornal que ofereceu serviços online foi *The New York Times* (http://www.nytimes.com), em meados dos anos 1970, com seu New York Times Information Bank. O jornal passou a disponibilizar resumos e textos completos de artigos atuais e artigos de suas edições diárias passadas a assinantes que possuíam pequenos computadores.

Wilson Dizard Jr. afirma em *A nova mídia* que "em 1980, o *Columbus Dispatch*, um jornal de Ohio, colocou todo o conteúdo editorial diário à disposição dos possuidores de computadores, cobrando uma taxa pelo serviço por meio do provedor CompuServe".[4] Os interessados podiam chamar um menu na tela e escolher as notícias que desejavam ler.

Esse tipo de serviço começou a ser difundido com o crescimento da Internet e de serviços comerciais on-line como a America On-line, Prodigy e Microsoft Network. Por isso, os jornais passaram a adotar estratégias diferentes para acompanhar essa tendência.[5]

O *News & Observer* (http://www.news-observer.com) criou seu próprio *Bulletin Board System* (BBS), que os usuários acessavam mediante uma taxa. Outros veículos de comunicação fizeram acordo de divisão de receitas com a America On-line e outros serviços online para fornecer conteúdo editorial. O *USA Today* (http://

---

4 Wilson Dizard Jr., *A nova mídia: a comunicação de massa na era da informação* (Rio de Janeiro: Jorge Zahar, 1998), p. 246.

5 *Ibidem.*

www.usatoday.com) contribuiu com seu estilo (fornecer notícias curtas) para a rede CompuServe, especializada em informações esportivas. Os assinantes pagavam uma taxa para acessar o conteúdo do site.[6]

O *San Jose Mercury News* (http://www.mercurycenter.com) começou fornecendo gratuitamente resumos de notícias via America Online, em 1994. Desde então, expandiu o serviço para incluir o texto completo da edição impressa do jornal, que está disponível na Web. Os editores do jornal agora cobram o acesso a seu conteúdo.

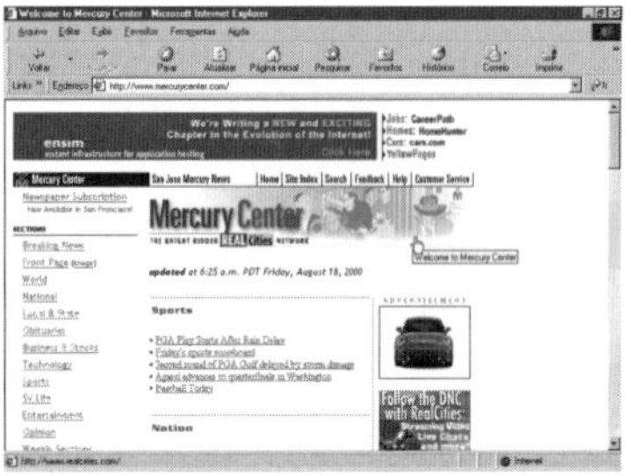

[San Jose Mercury News]

[USA Today]

Em 1995, *The Wall Street Journal* (http://www.wsj.com) lançou o Personal Journal, versão personalizada dos negócios empresariais, extraída de suas edições diárias regulares. Nesse serviço, os assinantes montavam suas próprias edições e as acessavam via linha telefônica. No mesmo ano, o *Washington Post* (http://www.washingtonpost.com) lançou experiência semelhante, com o nome Digital Ink.

---

6 *Ibid.*, p. 247.

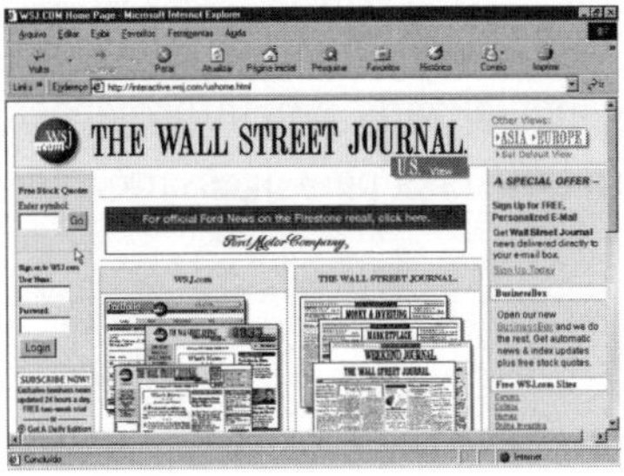

[*The Wall Street Journal*]

[*The New York Times*]

Entra no ar, em julho de 1999, o *Diário Digital* (http://www.diariodigital.pt), o primeiro jornal virtual, em Portugal, que desenvolve conteúdo específico para a Internet. As matérias são produzidas por uma equipe de reportagem exclusiva para o site, além da utilização de material de agências noticiosas.

No Brasil, as empresas jornalísticas entraram na rede a partir de iniciativas isoladas como as do Grupo O Estado de S. Paulo (http://www.agestado.com.br), que investe em serviços especializados de informação desde os anos 1980.

> A Agência Estado entrou na rede em fevereiro de 1995, por meio de um "link" com a Worldnews, de Washington. É verdade que, meses antes, o *Jornal do Commercio*, de Recife, distribuía seus serviços na Internet, diferente do que ocorre com as notícias da Agência Estado. Porém, as novidades sobre o país transmitidas pelo *Jornal do Commercio* limitavam-se a remeter arquivos de textos pela rede.[7]

A expansão do jornalismo digital no Brasil deu-se a partir do êxito de versões similares de revistas e jornais norte-americanos e ingleses, em meados de 1995. O primeiro jornal brasileiro

[7] Elias Gonçalves, *Jornalismo na Internet*, trabalho apresentado no Congresso Brasileiro de Ciências da Comunicação (Intercom), realizado na Universidade de Londrina (PR) em 1996, p. 4.

[Agência Estado]

[O Estado de S. Paulo]

a fazer uma cobertura completa no espaço virtual foi o *Jornal do Brasil* (http://www.jb.com.br), em 28 de maio de 1995.

Logo em seguida, vários jornais registraram-se na Web, como *O Estado de S. Paulo* (http://www.estado.com.br), a *Folha de S. Paulo* (http://www.folha.com.br), *O Globo* (http://www.oglobo.com.br), *O Estado de Minas* (http://www.estaminas.com.br), a *Zero Hora* (http://www.zerohora.com.br), o *Diário de Pernambuco* (http://www.dpnet.com.br) e o *Diário do Nordeste* (http://www.uol.com.br/diariodonordeste).

> Nenhum deles, com exceção do *JB On-line* (que entra em acordo com a Agência JB em janeiro de 1996, para uma alimentação permanente de sua edição digital) atua com a noção de tempo real. Alguns, ao contrário, nem sequer são atualizados diariamente, como o *Estado de Minas* e a *Zero Hora,* que têm caráter semanal.[8]

Em 1996, o Universo On-line (http://www.uol.com.br) lançou o *Brasil On-line*, primeiro jornal em tempo real em língua portuguesa da América Latina, com informações de agências de notícias (Agência Folha, Reuters, Associated Press, entre outras) e material produzido em sua redação. Além de textos, fotos, gráficos e animações, o jornal oferecia vídeo e áudio sobre material

[8] *Ibidem*.

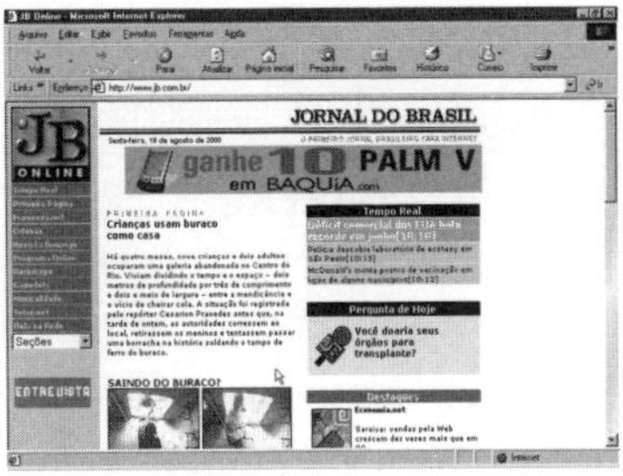

[Jornal do Brasil]

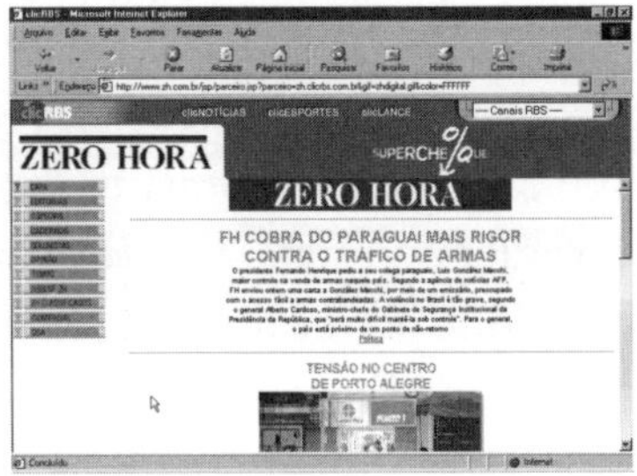

[Zero Hora]

jornalístico para complementar as matérias na Web. Recentemente, o nome do jornal digital passou a ser *Folha On-line* (http://www.uol.com.br/fol). A estrutura hierárquica dos jornais on-line é igual à da imprensa tradicional com diretor, redator-chefe, editores, repórteres, redatores e chefes de reportagens, entre outros.

A *Folha On-line* foi um dos primeiros jornais on-line brasileiros a inovar na cobertura do noticiário da Web. Como não havia correspondente da Folha durante os conflitos ocorridos em Kosovo, em 1999, o diário passou a publicar depoimentos enviados por e-mail à redação de pessoas que estavam próximas às áreas de maior conflito. É a primeira vez que um jornal brasileiro publica em seu site e-mails de leitores para enriquecer o noticiário.

[Folha On-line]

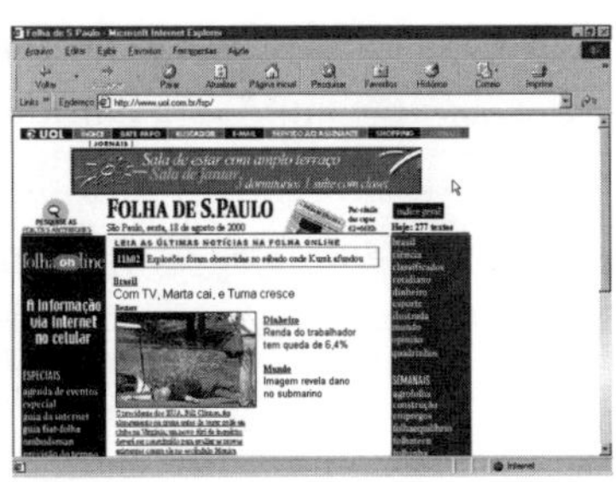

[Folha de S.Paulo]

No início do ano 2000, o provedor de acesso Internet Grátis (http://www.ig.com.br) lança o *Último Segundo* (http://www.ultimosegundo.com.br), o primeiro jornal on-line concebido e produzido para a Internet brasileira. O *Último Segundo* publica notícias produzidas com material de agências de informações (Reuters, Associated Press, Agência JB, Sport Press, entre outras), além de reportagens e entrevistas realizadas por uma equipe de jornalistas, constituída especialmente para desenvolver conteúdo para o jornal.

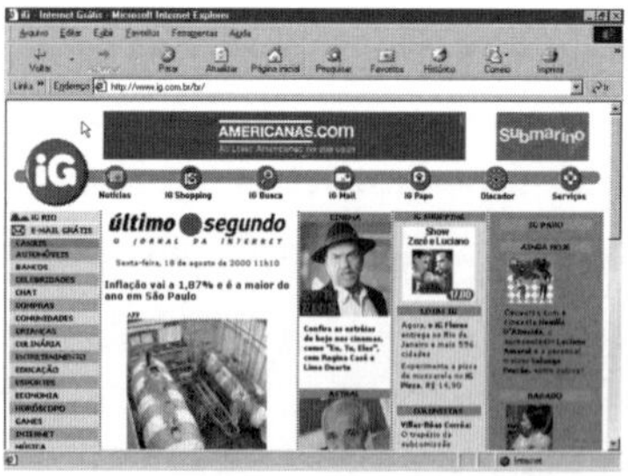

[Internet Grátis]

[*Último Segundo*]

Em junho de 1997, o site da revista *Veja* (http://www.veja.com.br) entra no ar, reproduzindo e arquivando as edições semanais. Em junho de 2000, o site começa a publicar notícias on-line. A home page é considerada uma editoria da edição em papel de *Veja*, tanto que sua equipe de jornalistas também produz reportagens para a revista, além de espaços fixos como o "Hipertexto" e a seção semanal "Veja On-line", que mostra na versão impressa os destaques do site.

Há um editor executivo (os executivos da *Veja* cuidam de grupos de editoriais afins), um editor, um subeditor, um editor assistente e três repórteres. Essa equipe cuida das reportagens para a revista impressa (Internet, Tecnologia Digital, Nova Economia e Tecnologia de Consumo), noticiário on-line diário, conteúdo interativo multimídia (“Estação Veja”), sites de programação das capitais, sites das Vejinhas RJ e SP e, ainda, a versão digital da revista semanal, cujo texto é o mesmo da impressa, mas recebe um tratamento diferenciado em links, criação de fóruns, pontes com o notíciário diário e o conteúdo multimídia e eventuais reportagens complementares.

Em 15 de julho de 2001, as Organizações Globo decidiram investir pesado em jornalismo on-line e anunciaram o portal *GloboNews*.com (http://www.globonews.com), abrigando conteúdo de jornais, revistas, emissora de rádio e tevê do grupo. O portal também criou canais com manchetes próprias, hierarquizando e customizando o noticiário, publicando, praticamente, uma notícia por minuto, com conteúdo multimídia para enriquecer o noticiário, como entrevistas em vídeo e depoimentos em áudio.

[Veja On-line]

[Globonews]

Depois do www.globonews.com, em 18 de setembro de 2006, as Organizações Globo anunciam o portal G1 (http://g1.globo.com), que reúne todo o conteúdo do grupo e aposta na convergência das mídias TV, jornal, rádio e Web, com uma equipe de cem jornalistas espalhados em São Paulo, Rio de Janeiro e Brasília.

[G1]

Outras experiências de jornalismo on-line no Brasil podem ser destacadas: *Dinheiro Vivo* (http://www.advivo.com.br), agência de informações financeiras; *Blue Bus* (http://www.bluebus.com.br), site que traz notícias atualizadas sobre mídia e publicidade; *InvestNews* (http://www.investnews.com.br), serviço de informações em tempo real da *Gazeta Mercantil*; *O Globo On* (http://www.oglobo.com.br), site de notícias das Organizações Globo, e o *Terra Networks* (http://www.terra.com.br), provedor de acesso que produz informações jornalísticas.

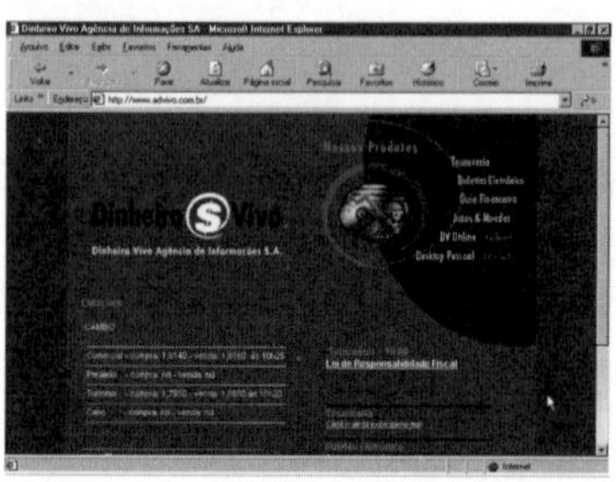

[Agência Dinheiro Vivo]

[Blue Bus]

[Globo]

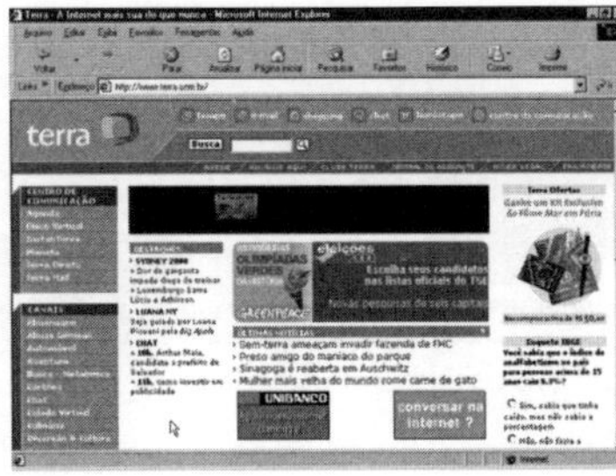

[Terra]

Os jornais da América Latina começaram a publicar suas versões na Web quase simultaneamente aos jornais brasileiros. O primeiro jornal a entrar para a rede foi o *Notícias de Mérida*, na Venezuela, em 1993. Em outros países destacam-se *La Nacion Line* (http://www.lanacion.com) e *El Clarín* (http://www.clarin.com), da Argentina; *Excelsior* (http://excelsior.com.mx), *El Economista* (http://condor.dgsca.unam.mx), *El Nacional* (http://www.el-nacional.com), *El Diário de Monterrey* (http://www.pixel.com.mx/diariomty) e *El Norte* (não é mais veiculado na rede), do México; e *Reforma* (não é mais veiculado na rede), do Equador; além da revista *Caretas* (http://www. caretas.com.pe), do Peru.

[Revista *Caretas*]

[*El Clarín*]

La Nación (http://www.nacion.com.cr), da Costa Rica, foi o primeiro da América Central a ingressar na rede, de modo experimental, em dezembro de 1994 e, oficialmente, no dia 7 de abril de 1995. Nesse país, também circula *The Tico Times* (http://www. ticotimes.net). A história da Mídia Digital[9] é apresentada em detalhes no próximo capítulo.

[La Nacion Line]

[The Tico Times]

LINHA DO TEMPO DA MÍDIA DIGITAL

Desde 1969, quando os Estados Unidos criaram a Internet, a rede de televisão inglesa BBC e o jornal *The New York Times* iniciaram as primeiras experiências de transmissão de informações on-line a seus telespectadores e leitores, respectivamente. Mas o potencial do jornalismo da Web vem à tona quando o mundo se volta à rede mundial de computadores para obter informações sobre o maior atentado da história dos Estados

[9] A linha do tempo da Mídia Digital foi produzida em dezembro de 1998 pelo pesquisador David Shedden para o Instituto Poynter de Estudos da Mídia, nos Estados Unidos. A íntegra do documento pode ser consultada em http://www.poynter.org/Research/nm/timeline. A história da Mídia Digital começa a ser contada a partir de 1969, quando os Estados Unidos criaram a Internet, e termina em 2004.

Unidos até aquela data: o bombardeio a um prédio do governo em Oklahoma City ocorrido em 1995 que matou 168 pessoas e deixou 500 feridos. O responsável pelo atentado, o terrorista Timothy McVeigh, foi executado em junho de 2001 em Terre Haute, Indiana.

Na época, foram incluídos nas fontes da Web comunicados da Casa Branca, fotos dos estragos, lista de vítimas e reportagens atualizadas do desastre. Logo depois do ocorrido, o serviço *Newsday*, do *Prodigy*, publicou um mapa com a localização do atentado em Oklahoma, uma história da *Associated Press* e uma descrição gráfica dos tipos de bombas usadas nos ataques terroristas.

No Brasil, a explosão de produções jornalísticas na Web se deu somente no início de 2000, mas a batalha ocorrida em Kosovo, em 1999, que deixou milhares de sérvios e albaneses kosovares mortos, foi considerada a "Guerra da Internet", primeira grande cobertura on-line produzida para o mundo digital (os fatos que marcaram o noticiário na Web são detalhados no capítulo 1 – ver p. 64). E o jornalismo on-line brasileiro teve um importante papel nesse conflito. Naquele ano, o *Universo Online* publicou relatos impressionantes de pessoas que estavam próximas às áreas de maior conflito.

O jornalista Walter Faceta Júnior, em matéria especial publicada em 1999:

> A Guerra do Golfo, no início da década, marcou o apogeu da cultura televisiva. O mesmo tinha ocorrido com a Segunda Guerra Mundial em relação ao rádio. Nos ataques a Bagdá, pela primeira vez na história, todos os lances fundamentais do conflito apareciam em tempo real na telinha da TV. Podia-se acompanhar cada lance da batalha, como a queda de mísseis, numa espécie de mórbido videogame global. Parecia ser o desenho mais estranho e requintado da guerra neste milênio. Era um engano. O atual confronto no

Kosovo experimenta o uso de uma efetiva e moderníssima arma: a Internet. Com o avanço das tecnologias da informação: habitantes de todos os recantos da Terra, de Paris a Luanda, de Tóquio a Ciudad del Leste, podem participar efetivamente do conflito. À parte dos bombardeios e do deslocamento de tropas, desenvolve-se uma guerra paralela, democratizada, calcada na difusão caótica de informação e opinião. Qualquer pessoa pode mover seu peão nesse tabuleiro, seja contando sua experiência nas regiões do conflito, seja emitindo suas opiniões ou multiplicando informações. Trata-se de uma Terceira Guerra Mundial, da qual muitos podem participar sem levantar o traseiro da cadeira do escritório. Cada um espera tornar-se o Davi da história. Dezenas de sites foram criados especialmente para tratar dos assuntos da guerra. Ambos os lados se desdobram para convencer a platéia mundial de suas razões. A idéia é seduzir e arregimentar. Pede-se sempre uma ação positiva de apoio (ou dinheiro) a este ou aquele lado. A jovem iugoslava Lana, por exemplo, escreveu um pungente apelo contra a guerra. Afirma que os sérvios estão sendo atacados injustamente e prejudicados pela "guerra das mídias". Num e-mail que roda o planeta há dias, Lana escreve: "talvez estejamos defendendo você. É por isso que o mundo não pode deixar a verdade enterrada em crateras de mísseis Tomahawk". Note-se que a mensagem é um apelo ao mundo.[10]

Leia a seguir a história da Mídia Digital:

1969

- Governo dos Estados Unidos cria a Arpanet, uma rede experimental com quatro computadores. Eles operam em Stanford, Universidade da Califórnia, Los Angeles (Ucla), UC Santa Barbara e Universidade de Utah. Os primeiros testes foram realizados na Ucla em setembro de 1969.

[10] Walter Faceta Júnior, A Terceira Guerra Mundial: pela rede, 1999 (http://www.estado.estadao.com.br/edicao/especial/kosovo/terceguerra.html).

Em outubro daquele ano, a segunda Arpanet é conectada em Stanford. As universidades Santa Barbara e Utah entram na rede em novembro e dezembro do mesmo ano, respectivamente. A Arpanet mais tarde se transforma na Internet, a rede mundial de computadores.

- A companhia Bolt, Beranek e Newman (BBN) modificam os computadores Honeywell que processam mensagem de interface (Interface Message Processor – IMPs) para a rede Arpanet.
- A BBC começa a testar um novo formato de mídia interativa: o videotexto. Esse sistema transmite textos e gráficos pelo computador.
- *The New York Times* cria o InfoBank, um serviço de informações com artigos do jornal e passa a oferecer conteúdo do InfoBank por meio de um sistema de dados chamado Biennial Reporting System (BRS).

1970

- O nome para a rede de computadores da Arpanet vem de Darpa, a Agência de Projeto de Pesquisa Avançada do Departamento de Defesa dos Estados Unidos, que licenciou a rede mundial de computadores.
- Desenvolvido o primeiro sistema de rede sem fio de computadores: o Alohanet. A idéia é de Norm Abramson na Universidade do Havaí. O Alohanet é um sistema de rede baseado em rádio.
- A IBM anuncia sua nova série de computadores System/370. Essas novas máquinas dão suporte para compartilhar tempo e computação on-line. A IBM controla cerca de três quartos do mercado mundial de computadores de grande porte.

- A Associated Press (AP) transmite notícias por meio de um computador. Em 8 de novembro, cópias de notícias são enviadas de um terminal de computador no escritório da AP, em Columbia (Carolina do Sul), para um computador em Atlanta. Esse é o primeiro registro do uso de um computador para escrita, edição e transmissão de uma história para um serviço de notícias on-line.

1971

- Desenvolvido o processador 4004 da Intel. (Nos anos 1970, os microprocessadores permitem aos engenheiros construir computadores cada vez menores e mais modernos).
- Vinte e três universidades e computadores do governo estão conectados à Arpanet.
- Jornais mudam o sistema de produção mecânica para a computadorizada. As plantas de impressão dos jornais saem do metal quente para os tipos frios. A introdução dos computadores no processo de produção é um passo crucial para a evolução do jornalismo on-line.
- A corporação Mitre começa a testar um sistema de videotexto[11] desenvolvido pela Fundação de Ciência Nacional. O projeto, com sede em Reston (Virginia), se mantém até 1973.

1972

- Ray Tomlinson, da companhia Bolt, Beranek e Newman (BBN), criam um programa de correio eletrônico. Ele per-

[11] Transmissão de informação de uma central de computador por linha telefônica ou cabo e apresentada na tela de aparelho televisor ou monitor de computador.

mite que mensagens sejam enviadas e recebidas por computadores em rede. Os e-mails se tornam as aplicações mais populares para a Arpanet.

- A primeira demonstração pública da Arpanet ocorre durante a Conferência Internacional de Computadores em Washington, DC. Entre os organizadores estão Robert Kahn, da BBN, e Larry Roberts, diretor do Escritório de Processos Técnicos da Informação (Information Processing Techniques Office – IPTO).
- Organizado um grupo para desenvolver modelos para o crescimento da rede Arpanet de computadores.
- Jornalistas desenvolvem banco de dados.
- Dois repórteres de *The Philadelphia Inquirer* criam um banco de dados para pesquisar notícias sobre a Corte de Causas Comuns da Filadélfia.

1973

- Dois computadores estão conectados à Arpanet. Eles operam na Universidade de Londres e em Royal Radar Establishment, na Noruega. São as primeiras máquinas a entrar na rede na Europa. Na mesma época, o US Department of Defense's Advanced Research Project Agency (Darpa) começa o Experimento de Satélite do Pacote Atlântico (Atlantic Packet Satellite Experiment – Satnet). Estão envolvidos no projeto a Casa de Pesquisa de Defesa da Noruega, o Escritório de Correspondência da Inglaterra, a companhia Bolt, Beranek e Newman e a Universidade de Londres, entre outros.
- Bob Metcalfe e David Boggs criam uma tecnologia de rede local chamada Ethernet no Palo Alto Research Center

(Parc), centro de pesquisa da Xerox, em Palo Alto, Califórnia.

- Computadores substituem máquinas de escrever.
- A União Internacional de Imprensa (United Press International – UPI) instala terminais de computadores em todos os seus cem escritórios nos Estados Unidos.
- A Associated Press (AP) planeja desenvolver laboratórios eletrônicos. A idéia é criar um sistema que permita que as fotografias sejam armazenadas eletronicamente nos computadores.

1974

- Uma versão comercial da Arpanet, chamada Telenet, é oferecida pela companhia Bolt, Beranek e Newman. É por meio da Telenet, e mais tarde, a Tymnet, que os serviços de venda de banco de dados de computadores podem ser consultados como, por exemplo, o BRS.
- Vinton Cerf e Robert Kahn criam o Protocolo para Rede de Intercomunicação. Ele comanda os protocolos comuns de Internet TCP/IP. Por isso, Cerf e Kahn são considerados os criadores da Internet.
- Um grande número das redações de jornais substitui suas máquinas de escrever por sistemas de terminais de computadores – que incluem terminais de monitores (Video Display Terminals – VDTs) e tubos de raios catódicos (Cathode Ray Tubes – CRTs). Os primeiros jornais a utilizar sistemas de terminais, no início dos anos 1970, são *Cocoa Today*, *Daytona Beach Journal*, *The Detroit News*, *St. Petersburg Times*, e o *Richmond Times-Dispatch*.

- Parte da edição leste de *The Wall Street Journal* é transmitida com sucesso via satélite de Massachusetts para Nova Jersey.
- A agência de notícias *Reuters* anuncia serviço de videotexto.

1975

- A edição de janeiro do *Popular Electronic* traz a história do Altair 8800, o primeiro computador pessoal disponível no mercado. Com um kit de US$ 395, é possível montar o Altair. A máquina pronta sai por US$ 495. O computador tem 256 bytes de memória.
- Ed Roberts, o criador do computador pessoal Altair, trabalha com Bill Gates e Paul Allen para desenvolver a primeira linguagem de computador do Altair. Seu programa é uma versão da linguagem Basic de computador. A parceria entre Gates e Allen é o começo da companhia Microsoft.
- A rede de computadores Arpanet passa a ser controlada pelo Departamento de Defesa dos Estados Unidos.
- A TV francesa começa a testar seu serviço de teletexto, o Antiope.[12] O sistema de visualização de dados da França é chamado de Minitel.
- O serviço de Televisão a Cabo de Manhattan utiliza um novo sistema de videotexto e teletexto da Reuters. Uma versão de consumo do monitor Reuters é usada em dois canais de TV a cabo de Nova York.
- O serviço de discagem da CompuServe se torna independente. (A CompuServe surgira em 1969.)

---

[12] Teletexto é um sistema somente de texto, sem interatividade e gráficos visuais de dados.

1976

- Steve Jobs e Steve Wozniak criam o computador pessoal Apple I. Na mesma época, Jobs e Wozniak deixam seus empregos na Atari e Hewlett-Packard para formar a Companhia de Computadores Apple.
- A companhia Wang desenvolve o primeiro processador do mundo.
- O primeiro uso comercial do sistema britânico Ceefax de videotexto/teletexto ocorre no canal 1 da BBC. O canal 2 oferece, meses depois, um serviço chamado Orbit.
- Formado um consórcio de três companhias finlandesas para desenvolver um sistema de videotexto na Finlândia.

1977

- As empresas Tandy Corporation e a Radio Shack desenvolvem o modelo 1 TRS-80 de microcomputador.
- Criado o computador PET Commodore. O PET (Personal Electronic Transactor) com dois drives em formato de cassete e memória de 4K e 8K.
- Lançado o Apple II. O computador tem 4K de memória e é um dos primeiros PCs a utilizar gráficos e disquetes.
- Desenvolvido um sistema de correio eletrônico na Universidade de Wisconsin, que oferece esse e-mail para mais de cem computadores voltados a pesquisas científicas.
- Jornais disponibilizam a íntegra de seus textos em banco de dados.
- A Toronte Globe and Mail começa a oferecer o Info-Globe, o primeiro banco de dados de jornal disponível comercialmente na Internet.

1978

- Lançado o disquete flexível mais popular com 5 e 1/4 polegadas. Os disquetes foram originalmente desenvolvidos pela Sony Corporation (os disquetes com 3 e 1/2 polegadas seriam lançados bem mais tarde: 1984).
- Ward Christensen e Randy Suess escrevem o primeiro manual de programas chamado Computer Bulletin Board System (CBBS) ou Sistema de Informações de Computadores. Esse sistema não faz parte da Internet. As mensagens são enviadas entre computadores pessoais por meio de modem e linhas telefônicas.
- A Corporação Internacional Bonneville recebe permissão do Federal Communications Commission (FCC) para testar os serviços de teletexto pelo ar. A estação de TV de Salt Lake City KSL-TV usa o programa da British Ceefax para transmitir teletextos de notícias.
- O ministro japonês dos Correios e Telecomunicações inicia testes com videotexto. O protocolo de videotexto do Japão é chamado de Captain (Rede de Informações com Modelo e Caracteres de Acesso Telefônico).
- A Autoridade Britânica Independente de Transmissão apresenta o videotexto/teletexto chamado Oracle. Esse serviço funciona até 1992.

1979

- Três estudantes graduados da Universidade da Carolina do Norte e Universidade Duke desenvolvem um serviço chamado Usenet.

- Lançado o primeiro software de cálculos. Ele se chama VisiCalc e roda em computadores pessoais Apple II.
- A empresa de videogames Atari lança os computadores Atari 400 e 800.
- A British Telecom passa a utilizar o Prestel, um sistema de videotexto interativo.
- Pesquisadores canadenses começam os testes para uso do sistema de videotexto Telidon.

1980

- A companhia Tandy desenvolve os primeiros laptops. O modelo Radio Shack 100 tornou-se rapidamente um computador popular entre os jornalistas. O modelo 100 com modem telefônico permite aos repórteres enviar suas matérias para a redação de qualquer lugar.
- A Tandy lança seu terminal de videotexto TRS-80 por US$ 399. A instalação requer a conexão de um telefone com uma interface de um modem e ligação do TRS-80 com o terminal de antenas do aparelho de tevê.
- A Novell anuncia um programa de rede de área local. (A 3Com também anuncia um programa de rede, o Ethernet. O fundador da 3Com é Robert Metcalfe e co-inventor da Ethernet).
- Lançado o programa de gerenciamento de banco de dados, o dBase II.
- O grupo Sistemas Belo Information, que publica o *Dallas Morning News*, inicia a comercialização do videotexto.
- As companhias Knight-Ridder e AT&T realizam um teste em seus sistemas de videotexto experimental em Co-

ral Gables, Flórida. (O sistema de videotexto das empresas é lançado oficialmente em 1983).

- A Corporação para a Radiodifusão Pública conduz testes de teletexto na estação de televisão da PBS, a WETA. Esses testes são administrados pelo Centro de Mídia Alternativa da Universidade de Nova York.
- Desenvolvida a versão comercial do sistema francês de teletexto Antiope. O sistema francês de visualização de dados é chamado Minitel.
- A Deutsche Bundespost Telekom começa testes públicos de videotexto em Dusseldorf e Berlim, Alemanha.
- Criado o Qube, sistema interativo de cabos, em Columbus, Ohio. O Qube é um equipamento da Warner Communication e Amex Cable. (O projeto é concluído em 1985).
- O sistema de banco de dados de *The New York Times*, o InfoBank, começa a oferecer suas informações em formato integral de texto.
- O distribuidor de banco de dados BRS começa a disponibilizar o Sistema Dow Jones de Informação, que inclui linhas de notícia do serviço com informações econômicas Dow Jones e textos do *Wall Street Journal.*
- O serviço de linha discada da CompuServe começa suas operações com onze integrantes dos jornais da Associated Press.

1981

- A IBM lança seu primeiro computador pessoal. Trinta e cinco mil computadores pessoais da companhia são vendidos no primeiro ano. Os clones do IBM também chegam ao mercado, rodando com programas da empresa.

- Criada a rede de computadores Bitnet na Universidade de Nova York. Bitnet é uma rede educacional que conecta computadores entre as principais universidades ao redor do mundo.
- Um modem de médio porte pode transferir dados a 300 bps (bits por segundo).
- A Microsoft lança o sistema operacional MS-DOS.
- Field Enterprises, proprietária da WFLD-TV e do *Chicago Sun Times*, produz uma revista em videotexto chamada *Keyfax*. (O projeto termina em 1985).
- A British Telecom cria um serviço de e-mail que utiliza a tecnologia de videotexto da Prestel.
- A Free Press, de Londres, oferece máquinas de vídeo e editoração com capacidades de toque de tela. Essas máquinas de videotexto de propaganda estão localizadas em lojas locais.

1982

- O Protocolo de Controle de Transmissão (TCP) e o Protocolo de Internet (IP) são aceitos como modelos para a Arpanet. TCP/IP é uma linguagem simples de comunicação que permite que a Internet cresça substancialmente.
- Fundada a companhia Sun Microsystems e inaugurada a estação de trabalho Sun I. A estação se conecta a outras redes de computadores por meio de um programa baseado no sistema Unix.
- Criado o computador Commodore 64. Ele tem 64K de memória e drive de disquete de 5 1/2 polegadas.

- Há mais de 5,5 milhões de computadores pessoais em lares e escritórios no mundo.
- Surge o serviço de texto completo da Nexis.
- A companhia Times Mirror começa a testar seu serviço de videotexto Gateway.
- A *Newsweek* é uma das provedoras de conteúdo para o sistema britânico de videotexto British Prestel.
- A estação de tevê de Seattle KIRO-TV testa um novo sistema de teletexto para transmissão de notícias por satélite.
- Companhias dos Estados Unidos que testaram o videotexto em 1982: Bonneville International / KSL-TV; Field Electronic Publishing / WFLD - TV / Keyfax; CBS / KNTX / Extravision; PBS / KCET / Now; NYU Alternative Media Center / WETA -TV; NBC / KNBC / Tempo NBC; Taft Broadcasting / WKRC / Taftext; Westinghouse / KPIX/ DirectVision; PBS / WGBH - TV; Time Video Services; Louisville Courier-Journal & Times; Springfield Television / WWLP - TV; Fort Worth Star-Telegram, StarText.

1983

- A revista *Time* nomeia, em janeiro, o computador pessoal como o "Homem do Ano".
- Por causa do crescimento da Arpanet, o Departamento de Defesa separa a rede em duas unidades: Milnet e Arpanet. A Milnet vai lidar com projetos militares e a Arpanet vai servir às necessidades dos civis.
- Criado o grupo Conselho de Atividades da Internet (IAB-sigla em inglês) para definir a estrutura da Internet.
- A Apple anuncia o Lisa, computador que utiliza tecnologia de mouse e menus.

- Lançado o Lotus 1-2-3, ferramenta de cálculos para o IBM-PC.
- Len Bosack e Sandy Lerner fundam a Cisco Systems, fabricante de vias de redes.

1984

- A Apple apresenta o computador pessoal Macintosh. A máquina possui mouse e interface gráfica para o usuário. Os jornais são desenhados especialmente nos programas de desenho do Mac.
- A Apple e a Hewlett-Packard anunciam o disquete de 3 1/2 polegadas.
- Estabelecido o nome do Sistema de Domínio da Internet (Internet Domain System – DNS). O DNS permite somente o uso de nome de domínios sem a identificação dos protocolos de Internet.
- O sistema de teletexto da ExtraVision é testado em várias estações de televisão afiliadas à CBS.
- A companhia Time Mirror oferece seu serviço videotexto Gateway para comunidades selecionadas na Califórnia.
- O serviço de banco de dados Dow Jones oferece versões integrais de texto de *The Wall Street Journal*.
- O serviço de banco de dados Knight-Ridder Vu/Text inicia com edições de texto integral de *The Philadelphia Inquirer*, *Philadelphia Daily News*, *Detroit Free-Press* e *The Miami Herald*.
- Há quinze jornais que oferecem bancos de dados com textos integrais de suas matérias por meio de fornecedores como a Nexis, Vu/Text, Dialog ou Data Times.

1985

- Grande parte dos modems pode transferir dados a 2,4 kbps (kbits por segundo).
- A Microsoft lança o sistema operacional Windows. O Windows 1.0 possui um ambiente operacional gráfico para computadores compatíveis aos da IBM.
- Steven Case cria a companhia Quantum Computer Services. Seu serviço de discagem desenvolve serviços BBS para computadores Commodore e Apple II. (Esse é o começo da America On-line). O serviço de discagem se une a The Source para criar um dos maiores sistemas de acesso para quadro de boletins eletrônicos (Bulletin Board System – BBS).
- Há cinqüenta jornais oferecendo bancos de dados com textos integrais de suas matérias por meio de fornecedores como o Nexis, Vu/Text, Dialog ou DataTimes.

1986

- Eric Thomas desenvolve para a companhia Bitnet o Listserv, programa de listagem de e-mails comerciais.
- A Compaq anuncia o computador pessoal Deskpro 386. A Hewlett-Packard e a Apple desenvolvem impressoras a laser. Muitos usuários de computadores utilizam impressoras matriciais.
- Criada a Força de Trabalho de Engenharia de Internet (IETF – sigla em inglês). A IETF é uma organização técnica internacional preocupada com a evolução da Internet.
- A Companhia Knight-Ridder termina seu projeto de videotexto, o Viewtron.

- A Time Mirror termina seu projeto de videotexto, o Gateway.
- Lançado o primeiro Freenet em Cleveland, Ohio, na Universidade Case Western Reserve.
- O Hamilton (Ontario) Spectator lança um novo site de mídia BBS.

1987

- A rede The National Science Foundation Network (NSFNET) é utilizada para conectar cinco centros de pesquisa com supercomputadores. Ela é chamada de espinha dorsal da Internet e, eventualmente, vai tomar o lugar da Arpanet. A NSFNET gerencia o crescimento da credibilidade da Internet.
- A Apple anuncia o Hypercard, sistema de autorização comercial hipermídia.
- Operadores da Videotex vêem a companhia regional telefônica Bell como uma ameaça para a indústria de videotexto dos Estados Unidos. Eles estão preocupados com a possibilidade da dualidade de funções das companhias como portais de informação e provedores de conteúdo.
- O *Middlesex News* lança um site de mídia.

1988

- Um vírus de computador desativa aproximadamente 6 mil computadores de hospedagem de Internet. O grupo Computer Emergency Response Team (Cert) é criado para cuidar de problemas com hackers e crimes eletrônicos.

- Lançado o serviço de discagem Prodigy. Ele foi desenvolvido a partir de um programa sem sucesso de videotexto chamado Trintex, que começou a operar em 1984. O Prodigy oferece novas atualizações como parte de seu serviço. Ele é uma ponte entre o videotexto e novos projetos de mídia dos anos 1990.

1989

- A companhia Intel anuncia o microprocessador 486.
- Surge a Corporation for Research and Education Networking (Cren). Ela oferece acesso a baixo custo para a rede eletrônica de comunicação mundial. (A Bitnet e CSNET colaboram para a criação da Cren).
- Os jornais continuam a realizar experiências com a tecnologia do audiotexto. Os consumidores da Audiotex usam seus telefones para ter acesso a conteúdo noticioso. Por meio de um código de quatro dígitos, eles podem se informar, consultar cotação da bolsa de valores, saber como está o tempo e obter resultados de eventos esportivos, entre outros.

1990

- O engenheiro britânico Tim Bernes-Lee começa a desenvolver a World Wide Web (WWW), a parte multimídia da Internet. A Web une técnicas da informação em rede e hipertexto. Em julho de 1945, Vannevar Bush escrevera um dos primeiros artigos sobre hipertexto ou palavras linkadas.

- O Departamento de Defesa dos Estados Unidos desconecta a rede de computadores Arpanet. A Rede da Fundação Nacional de Ciência (NSFNET) passa a prover serviços ao órgão. A NSFNET começa a disponibilizar o uso comercial de sua rede.
- A Microsoft lança o sistema operacional Windows 3.0.
- O *Albuquerque Tribune* lança um novo site.

1991

- Pesquisadores da Universidade de Minnesota lançam o sistema Gopher de navegação na Internet.
- Surge o programa de pesquisa na Internet Wais (sigla em inglês de Servidor de Grande Área de Informação). O programa é criado por meio de um projeto do Dow Jones, Apple e Thinking Machines Corporation.
- Tim Bernes-Lee e a European Organization for Nuclear Research (Cern) lançam o programa da Rede Mundial de Computadores (World Wide Web). A Cern desenvolve a Web para pesquisadores de Física.
- Ainda há alguns poucos projetos de videotexto jornalístico em operação como o site Fort Worth Star-Telegram's Star Text. Mas muitos jornalistas abandonam o videotexto e mudam para serviços de discagem como Prodigy, CompuServe e America On-line.

1992

- Sessenta e cinco milhões de computadores pessoais estão espalhados em escritórios e residências nos Estados Unidos.

- O Senado dos Estados Unidos aprova um programa para fundar a Rede Nacional de Pesquisa e Educação (NREN).
- Fundada a Sociedade de Internet, uma organização internacional para a coordenação da rede mundial de computadores.
- Em 8 de março, o vírus Michelangelo danifica computadores ao redor do mundo.
- Em dezembro, o serviço de discagem da Delphi oferece acesso completo à Internet. A Delphi é uma das primeiras companhias a oferecer aos internautas acesso de texto para a Internet.
- Cento e cinqüenta jornais oferecem banco de dados com texto integral por meio de fornecedores como a Nexis, Vu/Text, Dialog ou DataTimes.
- Tim Bernes Lee publica o primeiro blog em janeiro, o What's new in 92 (http://www.w3.org/History/19921103-hypertext/hypertext/WWW/News/9201.html) e divulga as notícias do projeto World Wide Web.
- Sites lançados nesse ano: *St. Louis Post-Dispatch* em *Postagem-Link*, *CNN*, *CNN Newsroom*. Serviço: *Chicago Tribune*, *Chicago On-line*, *Charlotte Observer*, *Observer On-line*.

1993

- Lançado o Mosaic, primeiro navegador gráfico para a Web, pelo Centro Nacional de Aplicações de Super Computação (NCSA) em Champaign, Illinois. Marc Andreessen lidera o grupo de programadores de computador que desenvolvem esse navegador.
- Iniciam-se as atividades do Centro de Informação da Rede da Internet (InterNIC). Um novo acordo para o geren-

ciamento da Internet começa. A InterNIC é mantida pela Fundação Nacional de Ciência, juntamente com companhias comerciais como a AT&T. Uma das responsabilidades da InterNIC é o registro dos nomes dos domínios para a Internet. (Exemplos: .com, .org, .net, .edu, .gov.)

- A companhia Intel apresenta o chip de computador Pentium.
- Lançados os Spiders, dispositivos de pesquisa na Internet que procuram arquivos na Web por meio de palavras-chaves.
- Sites lançados nesse ano: *Florida Today*, *Fla Today*, *San Jose Mercury News*, *Mercury Center*, *Forbes Magazine*, *Time On-line*. Serviço: *Danbury News Times*, *U.S. News & World Report*.

1994

- Os empresários Marc Andreessen e Jim Clark fundam a Netscape.
- A Netscape lança a versão beta de seu navegador da Web, o Navigator.
- Criado o Consórcio da Rede Mundial de Computadores (W3C) para desenvolver protocolos comuns para a Internet.
- De acordo com levantamento do Centro Mirror Times, perto de um terço dos lares tem um computador pessoal e, aproximadamente, 23 milhões de adultos usam um computador em casa todos os dias. A maioria das pessoas empregadas usa computador no local de trabalho. (O Centro Times Mirror vai mudar mais tarde seu nome para Centro Pew de Pesquisa.)

- De acordo com o estudo de Bruce Garrison, cerca de 52,2% das redações dos Estados Unidos utilizavam recursos on-line contra 39,9% que ignorava a Internet.
- O serviço de discagem da America On-line tem 1 milhão de assinantes.
- Cerca de sessenta jornais norte-americanos têm sites na Internet ou possuem serviços de discagem.
- Explosão de sites noticiosos.
- Yahoo! é lançado como uma lista pessoal de sites de David Filo e Jerry Yang, candidato PhD a engenharia elétrica em Stanford.
- Sites lançados nesse ano: *Salt Lake Tribune*, *Utah On-line*, *Detroit Free Press*, *Raleigh News & Observer*, *Nando.Net*, *Palo Alto Weekly*, *Atlanta Journal and Constitution*, *Access Atlanta*, *CNET*, *Columbus Dispatch*, *The New York Times*, *Halifax Daily News*, *ESPN*, *Tampa Tribune*, *Tampa Bay On-line*, *Raleigh News & Observer*, *Nando Times*, *Newsday / New York Newsday*, *Newsday Direct*, *Wired Magazine*, *Hot Wired*, *Los Angeles Times*, *TimesLink*, *London Daily Telegraph*, *Electronic Telegraph*, *San Francisco Examiner / Chronicle*, *The Gate*, *Financial Times*, *San Jose Mercury News*, *Mercury Center*, *Dallas Morning News*, *The Irish Times* (Irlanda).

1995

- A Sun Microsystems introduz a linguagem Java.
- Surge a WebTV, um sustentáculo primitivo da "televisão-Internet". (A Microsoft vai comprar a companhia em 1997).
- A Microsoft lança o sistema operacional Windows 95. Nele estão incluídos os programas MSN e Internet Explorer.

- A Netscape lança o Navigator 2.0.
- Em outubro de 1995, um relatório da CommerceNet e Nielsen Media Research anuncia que há mais de 24 milhões de pessoas nos Estados Unidos e Canadá utilizando a Internet. (Este número é corrigido mais tarde para 16 milhões).
- Criado o consórcio de jornais *New Century Network*. Ele é formado por meio de alianças entre *Advance Publications*, *Cox*, *Ganneett*, *Hearst Corporation*, *Knight-Ridder*, *Times Mirror*, *Tribune Company*, *The New York Times Company* e *Washington Post Company*. (O *New Century Network* encerra suas operações em março de 1998.)
- Explosão de sites: *St. Petersburg Times, Sptimes.com*. Serviço: Internet, *Slate Magazine*. Serviço: Internet, *USA Today*, *USA Today On-line*. Serviço: Internet, *ZDNet*. Serviço: Internet, *The Guardian*, *Philadelphia Inquirer*, *Philadelphia On-line*. Serviço: Internet, *Die Welt*, Alemanha, *Houston Chronicle*, *Yomiuri Shimbun*, Japão, *Washington Post*, *Digital Ink*. Serviço: Interchange, *KHON-TV*, Honolulu, *Detroit News*, *Orlando Sentinel*. Serviço: AOL, *Rede NBC*, *Asahi Shimbun*, Japão, *Boston Globe*, *Boston.com*. Serviço: Internet, *KVIA-TV*, (El Paso, Texas), *Denver Post*, *La Nación*, Argentina, *Star Tribune*, *Star Tribune On-line*. Serviço: Interchange, *Gainesville Sun*, Serviço: Sun.One, 1995, Serviço: BBS, *Richmond Times-Dispatch*, *Gateway Virginia*. Serviço: Prodigy, *St. Louis Post-Dispatch*, *Post-Link*. Serviço: Delphi, *The Times of London*, Inglaterra. Serviço: Delphi, *CNN*, *CNN Interativo*. Serviço: Internet, *WGBH-TV*, Boston. Serviço: Internet, *WRTV-TV*, Indianápolis. Serviço: Internet, *CQ*. Serviço: AOL, *Le Monde*, França, *Rede CBS*, *The Jerusalem Post*, Israel.

1996

- Em agosto, um relatório da CommerceNet e Nielsen Media Research anuncia que o número de acessos à Internet nos Estados Unidos e Canadá cresceu 50% de setembro de 1995 a abril de 1996.
- Em agosto, o navegador Explorer 3.0 é lançado pela Microsoft.
- Em agosto, a Netscape lança seu navegador Navigator 3.0.
- O modem médio pode transferir dados a uma velocidade de 14,4 kbps (em um ano, a velocidade padrão de um modem será de 28,8 kbps).
- Os arquivos de jornais na Internet continuam a crescer. Começando em 1969 com o Banco de Informações de *The New York Times*, os jornais por todos os Estados Unidos começaram a salvar seus textos em bancos de dados eletrônicos. Naquele ano, os arquivos eram usados por vendedores de bancos de dados como o Nexis, mas em meados dos anos 1990, os sites de jornais começam a vender cópias de seus antigos artigos pela Internet. Em geral, as pesquisas nos sites de jornais são gratuitas, mas o custo para imprimir um artigo é de US$ 1 ou US$ 2.
- O jornal japonês *Mainichi Shimbun* se torna o primeiro a distribuir suas edições diárias em um dispositivo de visualização portátil e eletrônico. Essa tecnologia de painel plano foi promovida por Alan Kay da Xerox, nos anos 1970, e Roger Fidler da Knight-Ridder nos anos 1990.
- Em todo o planeta, 80% das redações utilizam a Internet como fonte de notícias.
- A Internet ganha novos sites: *The New York Times*, *El Tiempo*, Bogotá, Colômbia, *WRAL-TV* (Raleigh, Carolina do Norte),

The Washington Times, *Chicago Tribune*, *Toronto Star*, *Mail & Guardian* (América do Sul), *Los Angeles Times*. Serviço: Internet, *Wall Street Journal*, *WCCO-TV* (Minneapolis, Minnesota), *El País*, Espanha, *Christian Science Monitor*, *Miami Herald*, *HeraldLink*, *Washington Post*, *washingtonpost.com*. Serviço: Internet, *MSNBC*, *Microsoft* e *NBC News*, *Salon Magazine*, *New York Daily News*, *South China Morning Post*, Hong Kong.

1997

- A Apple e a Microsoft anunciam um amplo acordo de desenvolvimento.
- A Netscape lança o navegador Navigator 4.0.
- A Microsoft lança seu navegador, o Explorer 4.0.
- A Microsoft e a Netscape se empenham em melhorar sua tecnologia de ponta. Criado o PointCast, sistema de informação personalizado.
- Comprova-se que 43% dos lares norte-americanos têm um computador ligado à Internet.
- Serviço de discagem da America On-line tem 10 milhões de assinantes.
- Há cerca de 1,2 mil estações de televisão com sites ou serviços de discagem.
- Há aproximadamente 2,6 mil jornais com sites ou serviços de discagem.
- John Barger cunha o termo weblog ao criar o Robot Wisdom (http://www.robotwisdom.com).

1998

- A imprensa noticia que US$ 500 milhões em suporte de indústria têm sido comprometidos para o desenvolvimento da próxima geração da Internet, chamada Internet 2.

- O Departamento de Justiça dos Estados Unidos processa a Microsoft, acusando a empresa de práticas monopolistas.
- O governo dos Estados Unidos revela planos para terminar com o gerenciamento governamental sobre a Internet. A idéia é presenciar a criação de uma nova comissão internacional para ajudar na direção do crescimento da Internet.
- A Comissão Federal do Comércio registra um processo contra a Intel por abusar de sua posição como fabricante monopolista de microprocessadores de PC.
- Microsoft lança o sistema operacional Windows 98.
- Relatório da CommerceNet e Nielsen Media Research aponta que o número de usuários da Internet acima de 16 anos nos Estados Unidos e Canadá já alcançou 79 milhões.
- A Netscape lança o Communicator 4.5 com características específicas para o portal Netcenter da Netscape.
- A Apple começa a vender seu computador iMac (Internet Mac). Esse modelo futurista inclui um monitor embutido e um design translúcido, mas falta um drive para disquete.
- Artigo na revista *American Demographics* afirma que "as pessoas utilizam o computador por mais de cinco horas em suas residências. Mas elas não deixam outras atividades como assistir à tevê".
- Larry Page e Sergey Brin fundaram a Google, em setembro de 1998.
- A companhia Alexa Internet, que tem preservado páginas na Web desde 1996, doa dois terabytes do conteúdo histórico da Web para a Livraria do Congresso. A doação é

feita no formato de gravação digital interativa que inclui textos, imagens e arquivos de som da Web.

- A America On-line anuncia a compra da Nestcape, um negócio avaliado em US$ 4,2 bilhões. A AOL também faz uma aliança estratégica com a Sun Microsystems.
- O New Century Network e seu programa de busca, o NewsWorks, encerram operações.
- O site de *The New York Times* é atacado por hackers, que exigem a libertação de um outro hacker: Kevin Mitnick. Funcionários do *Times* fecharam o site depois que foi descoberta a invasão e levaram nove horas para restaurar boa parte do conteúdo.
- Uma variedade de dispositivos de pesquisa mais antigos se torna disponível em 1998. Esses serviços regularmente desenvolvem conteúdo de fontes on-line de notícia. Alguns desses dispositivos também servem como arquivos. Eles podem ser encontradas no Nexis, Dialog ou Dow Jones Interactive. (NewsLibrary, NewsTrawler, NewsIndex, TotalNews).
- Em outubro de 1998, o Ato de Proteção On-line para a Criança é aprovado pelo Congresso americano e é imediatamente atacado por vários grupos como o EFF, por se tratar de uma violação à Primeira Emenda. Ao contrário do que ocorreu, em 1996, com o Ato de Decência nas Comunicações, esse novo ato regula apenas as companhias comerciais.
- A companhia de informação móvel AvantGo começa a oferecer notícias da rede Knight-Ridder's Real City para dispositivos como o PalmPilot.
- Surgem outros provedores de notícias: *The New York Times*, *CNET* e *The Wall Street Journal*.

- A *Associated Press* começa a oferecer um serviço de pesquisa pago no site The Wire. Esse serviço da AP é disponibilizado para 250 milhões de jornais on-line.
- O Centro de Pesquisa Pew divulga uma pesquisa sobre as notícias na Internet. Segundo a pesquisa, nos dois anos anteriores, triplicou o número de americanos que lêem as notícias on-line pelo menos uma vez por semana. Mas o estudo apontou que esses leitores não deixaram de ler notícias em outros veículos de informação.
- O instituto Jupiter Communications revela que mais de 80% dos consumidores on-line acreditam em notícias publicadas na Internet, assim como nos jornais, televisão e dispositivos via cabo.
- O serviço de discagem da America On-line tem mais de 14 milhões de assinantes.
- Há aproximadamente 1.280 estações de tevê na Internet ou em serviços de discagem.
- Há aproximadamente 3.250 jornais com sites ou serviços de discagem.

1999

- No início do ano, The Page of Only Weblogs, de Jesse James Garret (http://www.jjg.net/retired/portal/tpoowl.html) indica que há na blogosfera apenas 23 blogs.
- O Pitas (http://www.pitas.com) e o Blogger (http://www.blogger.com) lançam os primeiros sistemas de edição e publicação de blogs. Os blogs nascem com o conceito de registro cronológico de idéias, notícias e opiniões na rede.

2000

- O jornalismo on-line ganha destaque no Brasil: apesar de as primeiras experiências em jornalismo na rede terem começado em 1995, o *Último Segundo* (iG), *Folha On-line* (Grupo Folha), *Estadão* (Grupo Estado) e *Veja On-line* (Editora Abril), entre outros, começam a investir pesado no noticiário on-line, com redações específicas para a produção na Web.
- Intel anuncia o Pentium III, com 9,5 milhões de transistores e 1.000 Mips.

2001

- Segundo o site American Journalism Review, há 5,4 mil jornais on-line no mundo.
- *O Estadão* e *Último Segundo* vencem o prêmio Ibest pela Academia e pelo Júri Popular, respectivamente, na categoria Notícia. *Veja On-line* vence na categoria Revista.
- As Organizações Globo anunciam o megaportal *GloboNews.com*.
- Lançamento do Pentium IV.
- Há 500 milhões de computadores espalhados pelo planeta.
- Mais de 400 milhões de pessoas acessam a Internet no mundo.
- O Brasil tem pouco mais de 6 milhões de internautas ativos (que acessam a rede diariamente).

2002

- Apple lança o Apple iMac.

- O Instituto Nielsen/NetEratings estima que há 428 milhões de usuários conectados à Internet. O crescimento se deve aos novos dispositivos tecnológicos que permitem acesso à rede de qualquer lugar, a partir de celulares, pagers, laptops e PDAs.
- Universidades americanas passam a oferecer cursos on-line.
- Sessenta e cinco por cento das crianças americanas com idade entre 2 anos e 17 anos usam a Internet de casa, da escola ou de qualquer outro lugar. Isso eleva em 59% o acesso à rede nessa faixa etária e representa um crescimento em relação a 2000, quando 41% das crianças estavam conectadas.
- Google introduz a versão beta do serviço Google News.
- Cresce o número de usuários que pagam e se registram em conteúdos de Internet.
- Mais de 1,3 mil diários norte-americanos lançaram serviços on-line.
- Caterina Fake e Stewart Butterfield lançam a comunidade Flickr.
- Em todo o mundo, há mais de 5 mil jornais diários, semanais e outros jornais on-line.

2003

- Um grupo internacional que estuda a Internet 2, a rede ultra-rápida de uso exclusivo de instituições de pesquisa e educação, bate um recorde ao transferir 6.7 gigabytes de dados em 10.978 quilômetros (ou mais de 6,8 mil milhas).
- A quantidade de informação que pode ser transferida pela Internet tem duplicado anualmente desde 1984. A expectativa é que essa tendência se mantenha.

- Google compra o software de blog da companhia Pyra Labs, criadora do Blogger.
- A guerra no Iraque oferece aos jornalistas a oportunidade de testar novas tecnologias.
- O vírus Sobig.F infecta computadores em todo o mundo.
- A popularidade do RSS (Rich Site Summary) continua a crescer. O RSS foi desenvolvido para ajudar a distribuir informações pela rede e diminuir os problemas causados por spans enviados por e-mail.
- Tom Anderson e Chris de Wolfe criam o site de relacionamentos MySpace.
- Joshua Schachter cria o serviço de bookmark del.icio.us.
- O crescimento do acesso à banda larga e a grande oferta de programas open source permitem que o usuário publique informações, como os sistemas de blogs, por exemplo, multilinkados. São espaços interativos nos quais milhares de usuários podem postar comentários e notícias e emitir opiniões.

2004

- Em resposta a um questionário do Pew Internet & American Life, 63% dos usuários de e-mail entrevistados afirmam que aumentou o número que propagandas não solicitadas, o que faz com que não considerem o e-mail uma ferramenta de comunicação, e mais de ¾ dos entrevistados, ou 77%, dizem que o spam é desagradável e irritante.
- Google anuncia a oferta pública de ações – o Initial Public Offering (IPO) ou abertura de capital.

- Cresce o uso de celulares no mundo no primeiro trimestre de 2004, comparado com o mesmo período de 2003, o que aumenta a demanda por telefones com câmeras de vídeo e telas coloridas.
- Apple lança o iMac G5. A empresa está focada no desenvolvimento de música digital no iPod e na oferta de donwload de músicas no iTunes music store.
- Podcastings se popularizam. O termo podcasting descreve o downloading de músicas na internet e programas similares para baixar música on-line em dispositivos de áudio.
- PalmOne, RIM, Sansung, Sony Ericsson, Motorola, HP e Nokia investem no mercado de smart phone (um PDA com modem e acesso à Internet).
- O Center for History & New Media, em parceria com a University of Maryland e o Internet Archive, recebe um prêmio da Library of Congress's National Digital Information Infrastructure and Preservation Program para construir um projeto com a CHNM's Business Archive, uma iniciativa de dois anos para preservar a gravação da história das ponto.com desde o início da década de 1990. Um total de oito instituições recebeu similar premiação.
- A Conferência da Web 2.0 tem como foco o desenvolvimento de negócios e tecnologias para a Web.
- A Federal Communication Commission cria regras para incentivar o uso de redes de fibras ópticas em banca larga, que permite distribuir serviços de dados, vídeo e voz por meio de operadoras de telefonia.
- Lançado oficialmente o Mozilla Firefox Web browser. Trata-se de uma alternativa segura ao Microsoft's Internet Explorer browser.

- IBM anuncia que irá negociar venda de PCs para um grupo chinês. IBM lançou o primeiro computador pessoal em 1981.
- Um número significante de americanos passa a procurar informações e imagens do noticiário que não estão publicadas em sites da grande mídia.

2005

- Chad Hurley e Steven Chen lançam o serviço de postagem de Vídeo YouTube.

Fatos que marcaram o jornalismo on-line

Como já foi explicado no subitem anterior (ver p. 32), o mundo se deu conta da importância do jornalismo on-line em 1995, quando o terrorista Timothy McVeigh explodiu o prédio do governo em Oklahoma City, matando 168 pessoas e ferindo 500.

Três anos depois, a rede mundial de computadores sofreu um engarrafamento sem precedentes quando o colunista de fofocas Matt Drudge decidiu furar a revista *Newsweek* e divulgar, em janeiro de 1998, em seu site, o Drudge Report (http://www.drudgereport.com), o caso Clinton-Lewinsky (envolvendo o então presidente dos Estados Unidos Bill Clinton e a estagiária da Casa Branca Monica Lewinsky), um dos maiores escândalos do século passado. Depois de ter sido publicado em alguns sites oficiais, o relatório de Kenneth Starr, que trazia todos os detalhes picantes sobre o caso, derrubou milhares de servidores mundo afora.

No dia seguinte, a notícia estampava as primeiras páginas de jornais e revistas de todo o planeta, além de ser o principal destaque do noticiário em emissoras de rádio e televisão. Na época, a CNN.com (http://www.cnn.com) disponibilizou em áudio as gravações em que a ex-estagiária da Casa Branca Monica Lewinsky conversa com sua amiga Linda Tripp sobre a relação amorosa que manteve com o presidente Bill Clinton. São 37 fitas com 22 horas de duração.

Drudge se tornou famoso por publicar fatos que a grande imprensa era cautelosa demais para divulgar. Ele se defende dizendo que "qualquer um de qualquer lugar pode cobrir qualquer coisa, e que a notícia não poderá mais ser controlada depois do advento da Internet". Por isso, transformou-se no arquiinimigo de jornalistas tradicionais. Foi ele também que noticiou a morte da princesa Diana, em 31 de agosto de 1997, minutos antes de toda a mídia obter a informação.

No Brasil, o jornalismo on-line começou a se consolidar em 2001. Em pouco tempo, ele se tornou um grande concorrente para os veículos tradicionais. Muitos fatos importantes marcaram a entrada do país na produção para a Web como, por exemplo, a cobertura das Olimpíadas, das eleições dos Estados Unidos e o seqüestro do apresentador Silvio Santos.

Entretanto, em 11 de setembro de 2001, um ataque terrorista sem precedentes aos Estados Unidos matou milhares de pessoas e paralisou o país. Por causa disso, a Internet brasileira ficou completamente sobrecarregada e os principais sites noticiosos ficaram por mais de duas horas fora do ar.

Nos Estados Unidos, 30 milhões de americanos tentaram se conectar à rede para utilizar e-mails e programas de comunicação instantânea para enviar mensagens a familiares e amigos. Isso representa um terço a mais do tráfego normal. No dia anterior ao ataque, a média de conexão foi de 5,5 segundos, e na

"Terça-feira Negra", a média saltou para 12,9 segundos. Mas os servidores de Web só voltaram ao normal no final da tarde.

A CNN.com (http://www.cnn.com), a MSNBC.com (http://www.msnbc.com), ABCNews.com (http://www.abcnews.com), The New York Times (http://www.nytimes.com) e o USA Today (http://www.usatoday.com), entre outros, alteraram suas home pages para facilitar a navegação de usuários ávidos em acompanhar a cobertura completa do caso. A CNN.com, por exemplo, excluiu fotografias, imagens em vídeos e depoimentos em áudio para deixar a página principal mais leve. A home page da rede televisiva reduziu seu peso de 255 KB para 20 KB.

Jornais europeus, como o francês *Libération* (http://www.liberation.fr), o português *Diário de Notícias* (http://www.diariodenoticias.pt), os espanhóis *El Pais* (http://www.elpais.es) e *El Mundo* (http://www.elmundo.es) e o argentino *El Clarín* (http://www.clarin.com.ar) também dedicaram todo o espaço de suas primeiras páginas para o caso.

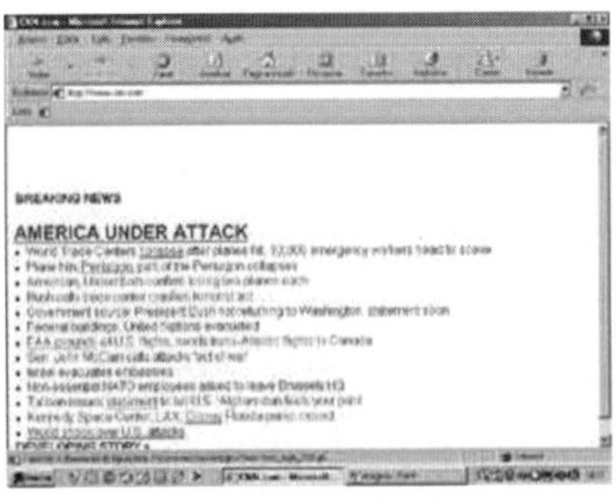

[Home page do site da CNN]

[Agência de notícias EFE]

[El Mundo]

[Diário de Notícias]

[El País]

[Le Figaro]

[The New York Times]

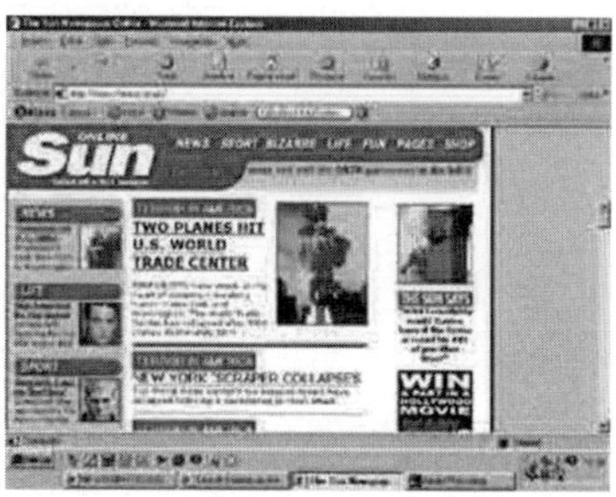

[The Sun]

[USA Today]

Essa é a segunda vez que ocorre um congestionamento gigantesco na rede por causa de um acontecimento bombástico. O conflito nos Estados Unidos contribuiu para aumentar a audiência dos sites noticiosos. Em agosto e setembro o número de visitantes saltou dos 25% registrados em julho para 30%. Ou seja, em julho, de cada quatro pessoas que se conectavam à rede, uma navegava em sites noticiosos. Entre setembro e agosto, de cada três internautas, um busca informações sobre o tema.

O ex-presidente do iG (Internet Grátis), Matinas Suzuki Jr., conta como o jornalismo on-line explodiu no Brasil:

> Na cobertura da queda do Concorde, em Paris, em julho do ano passado, o que se viu nos jornais no dia seguinte pouco acrescentava ao que os principais sites noticiosos haviam colocado na rede durante o dia do acidente: uma cobertura extensiva, muitas fotos, mapas, a imagem do avião em movimento, do avião em queda, feita por um cineasta amador, chats com especialistas, etc. Na Olimpíada de Sydney, os sites noticiosos souberam aproveitar o fuso horário a seu favor e foram indispensáveis para quem queria manter-se atualizado com as etapas do evento. A cobertura em tempo real das eleições municipais, bastante polarizadas em algumas capitais, acabou sendo um outro ponto importante da cobertura dos sites noticiosos. Mais recentemente, na prisão do juiz Nicolau dos Santos (numa sexta-feira, começo de noite) e nos acidentes de São Januário na final da Copa João Havelange (um sábado à tarde), momentos vulneráveis para jornais e revistas semanais, o jornalismo on-line pôde mostrar, mais uma vez, que é o jornalismo certo na hora certa.[13]

Leia a seguir os principais fatos que marcaram o jornalismo on-line no Brasil e no mundo.[14]

---

[13] Matinas Suzuki Jr., "A consolidação da Internet brasileira", em *Anuário de Jornalismo da Faculdade Cásper Líbero*, São Paulo, 2000, p. 10.

[14] New Media Timeline by Poynter Institute (http://www.poynter.org/Research/nm/timeline/nz95.htm), 1998.

1995

Bomba em Oklahoma

Abril, 19

O terrorista Timothy McVeigh é o responsável pelo maior atentado da história dos Estados Unidos: a explosão de um prédio do governo federal em Oklahoma City, que mata 168 pessoas e deixa 500 feridos. McVeigh diz que o atentado foi uma resposta ao FBI por ter atacado a seita Ramo Davidiano, em Waco, no Texas, em 1993, que resultou na morte de 82 pessoas.

Link do noticiário on-line sobre Oklahoma

http://poynter.org/content/content_view.asp?id=64160

[*The Washington Post*]

Veredito do julgamento de O. J. Simpson
Outubro, 3

- O. J. Simpson, astro do futebol americano, é absolvido da acusação de ter matado a ex-mulher, Nicole Brown Simpson, e o namorado dela, Ronald Goldman, em 1994.

  Links do noticiário on-line sobre O. J. Simpson

  http://poynter.org/column.asp?id=45&aid=66722

  http://www.cnn.com/US/OJ/verdict/index.html

[CNN]

Plano de paz na Bósnia
Acordo assinado em dezembro, 14

- Presidentes de Bósnia, Sérvia e Croácia assinam em Paris (França) um acordo que tenta pôr fim a três anos e meio de guerra. Bósnios, croatas, sérvios e países líderes da Organização do Tratado do Atlântico Norte (Otan), a aliança militar ocidental, selam o Acordo de Paz da Bósnia-Herzegóvina, tratado que pretende dar fim à guerra da Bósnia, que já matou cerca de 200 mil pessoas.

  Link do noticiário on-line sobre o plano de paz

  http://www.time.com/time/daily/special/kosovo/index.html

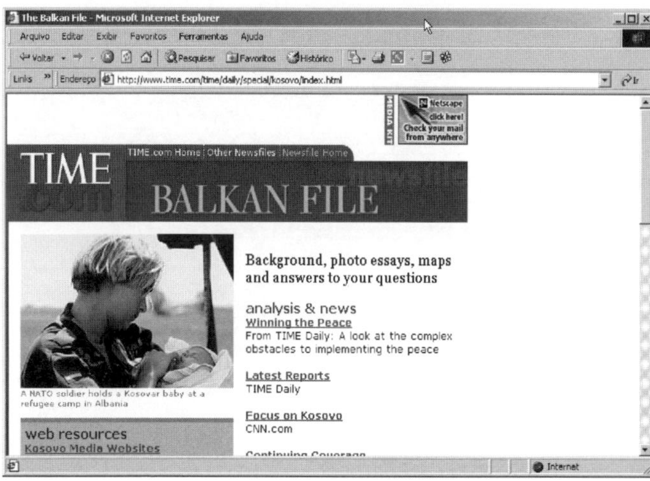

[Revista *Time*]

1996

Ato das Telecomunicações

Fevereiro, 8

Depois que o presidente Clinton assinou o Ato das Telecomunicações, um protesto de 48 horas é armado contra o documento, que limita o acesso de Internet para menores. Fitas azuis em forma de arco são colocadas nos sites da web, e muitos webmasters colorem suas home pages de preto em protesto contra o Ato de Decência das Comunicações.

Links do noticiário on-line sobre o Ato

http://www.fcc.gov/telecom.html

http://www.nytimes.com/library/cyber/week/cda-index.html

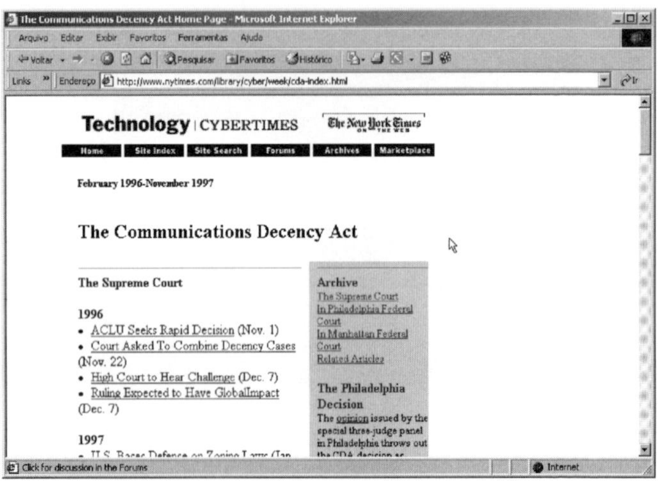

[The New York Times]

Preso suspeito de ser Unabomber
Abril, 3

Theodore Kaczynski, 56 é preso como o principal suspeito de ser o Unabomber. Em maio de 1998 será condenado a quatro penas sucessivas de prisão perpétua depois de aceitar, com relutância, acordo que o livra da pena de morte por razão de insanidade.

Links do noticiário on-line sobre o Unabomber

http://poynter.org/column.asp?id=49&aid=956

Especial da CNN sobre o assunto

http://www.cnn.com/SPECIALS/1997/unabomb/

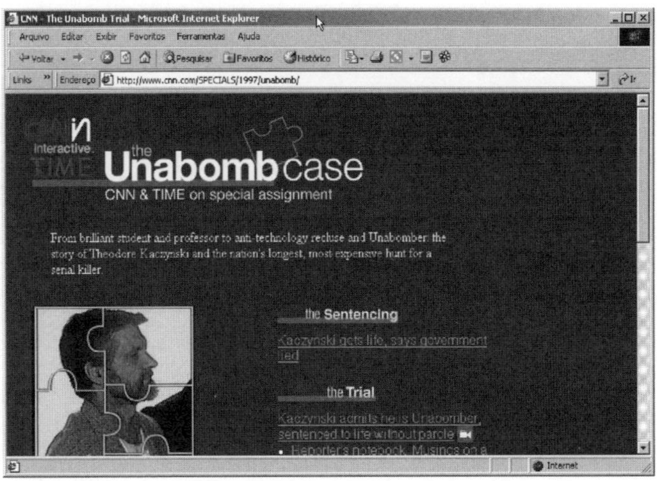

[CNN]

Vôo 800 da TWA
Julho, 17

- Acidente com o avião da TWA mata 230 pessoas em Nova York (Estados Unidos). Peritos que investigam as causas do acidente dizem estar surpresos com as declarações do comitê nacional de segurança em Washington. Segundo o órgão, um problema no duto de combustível teria causado a queda.

  Links do noticiário on-line sobre o acidente:

  http://poynter.org/column.asp?id=49&aid=962

  http://www.time.com/time/twa/index.html

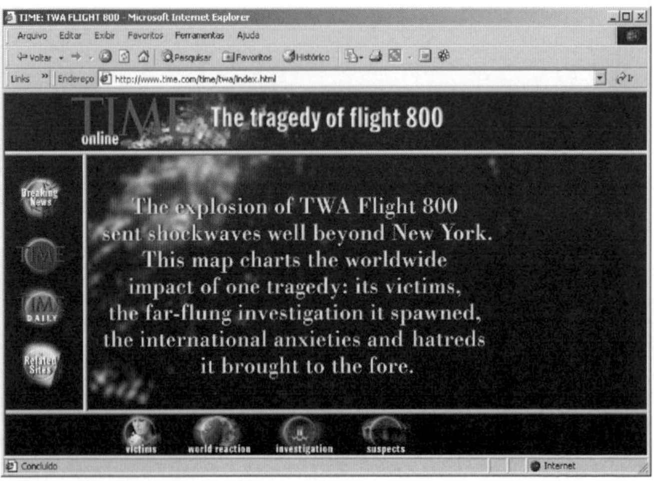

[Revista *Time*]

1997
Seita Heaven's Gate
Março, 27

Trinta e nove seguidores da seita Heaven's Gate cometem suicídio num sofisticado condomínio no sul da Califórnia (Costa Leste dos Estados Unidos), liderados por Marshall Applewhite, que pregava que a morte os levaria a um nível superior de vida, numa nave extraterrestre localizada atrás do cometa Hale-Bopp.

Links do noticiário on-line sobre o suicídio:

http://poynter.org/column.asp?id=49&aid=983

Especial da CNN sobre o assunto

http://www.cnn.com/US/9703/28/mass.suicide/links.html

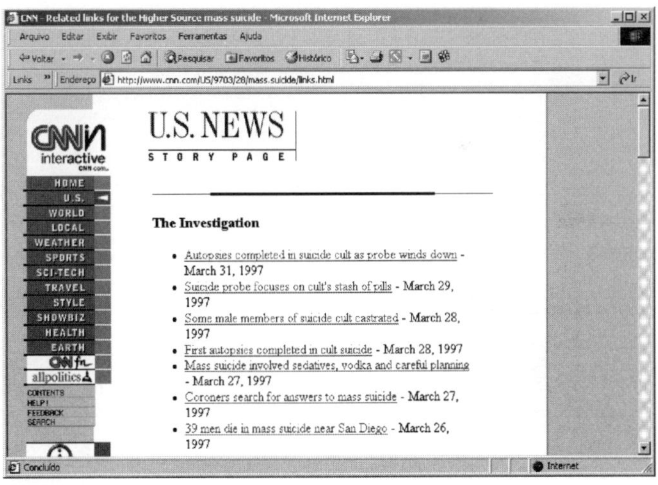

[CNN]

Inglaterra chora a morte da princesa Diana
Agosto, 31

- A princesa Diana e seu namorado Dodi al Fayed morrem num acidente de carro, em 31 de agosto de 1997, em Paris (França). O motorista Henri Paul, chefe de segurança do Ritz, onde a princesa esteve pouco antes da colisão, também morreu. Ele guiava o Mercedes, que pertencia ao hotel, e atravessava um túnel quando bateu a uma velocidade de 160 km/h.

  Links do noticiário on-line sobre o acidente:

  http://poynter.org/column.asp?id=49&aid=995

  Especial BBC

  http://www.bbc.co.uk/politics97/diana/

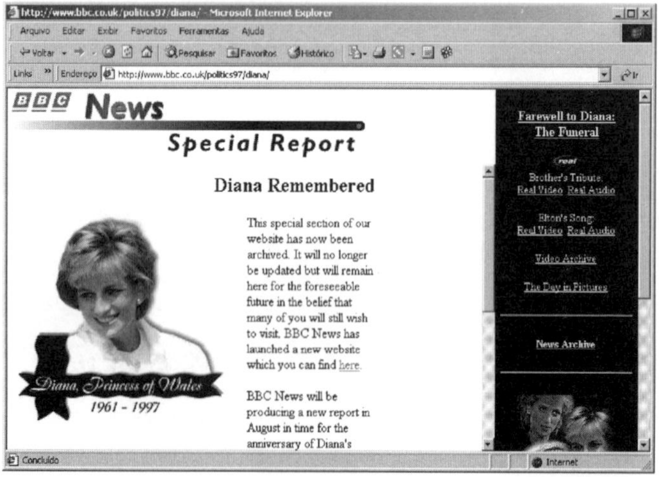

[BBC]

Madre Teresa morre aos 87
Setembro, 5

O corpo de Madre Teresa é enterrado em Calcutá em 14 de setembro. O funeral é acompanhado por 500 mil pessoas. Os pobres, alvo da ação missionária, são impedidos de acompanhar o cortejo. Só pôde assistir quem tinha nas mãos um convite distribuído pelas Missionárias da Caridade, ordem fundada pela Madre em 1949.

Links do noticiário on-line sobre a morte de Madre Teresa

http://poynter.org/column.asp?id=49&aid=998

http://www.cnn.com/WORLD/9709/05/mother.teresa/

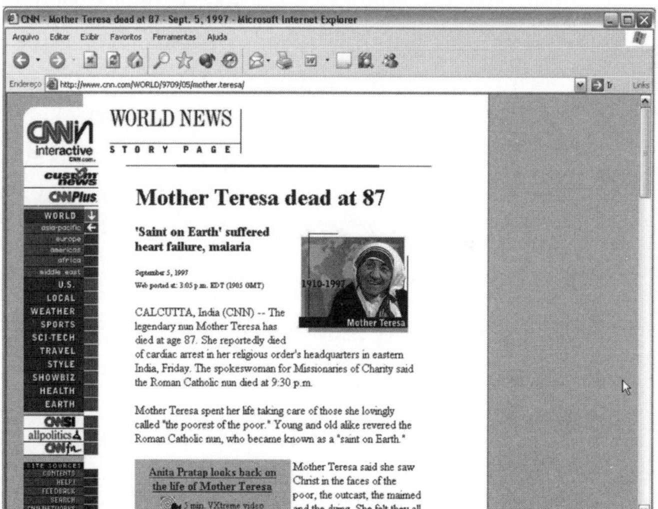

[CNN]

1998

Caso Clinton-Lewinsky

Janeiro,17

- Monica Lewinsky admite ter mantido um caso com o então presidente dos Estados Unidos, Bill Clinton, desde 1995.

The Washington Post faz a primeira reportagem sobre o caso

Janeiro,19

- A história entre o presidente Bill Clinton e Monica Lewinsky mudou o jornalismo on-line. O colunista de fofocas Matt Drudge divulga em seu site (http://www.drudgereport.com) o escândalo presidencial que a revista semanal *Newsweek* não quis publicar. A CNN.com disponibiliza em áudio as gravações em que a ex-estagiária da Casa Branca Monica Lewinsky conversa com sua amiga Linda Tripp sobre a relação amorosa com o presidente Bill Clinton. São 37 fitas com 22 horas de duração.

  Links do noticiário on-line sobre o caso

  http://poynter.org/column.asp?id=49&aid=1022

  http://www.washingtonpost.com/wp-srv/politics/special/clinton/clinton.htm

  http://www.cnn.com/ALLPOLITICS/resources/1998/lewinsky/

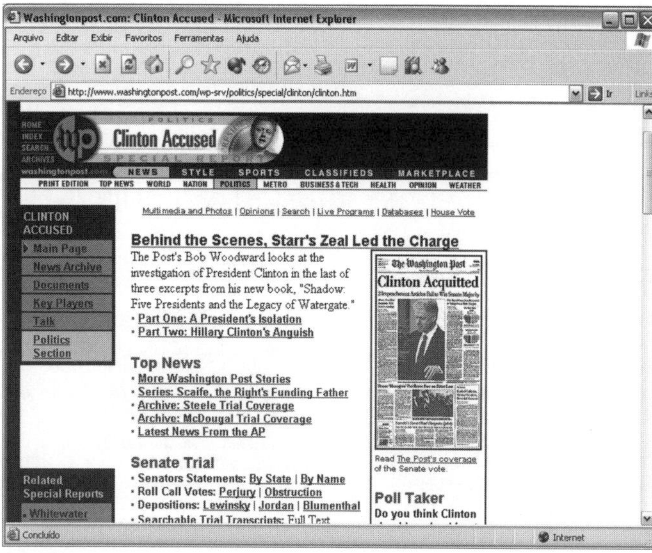

[CNN]

1999

Guerra de Kosovo: Transmissão em tempo real pela Internet

Abril, 3

A Otan bombardeia, na madrugada do dia 3 de abril, pela primeira vez, o centro da capital iugoslava e obriga o presidente da Iugoslávia, Slobodan Milosevic, a firmar o acordo de paz para Kosovo. Os ataques destroem as sedes dos Ministérios do Interior sérvio e iugoslavo.

Análise do conflito

http://edition.cnn.com/WORLD/europe/9908/26/kosovo.stress

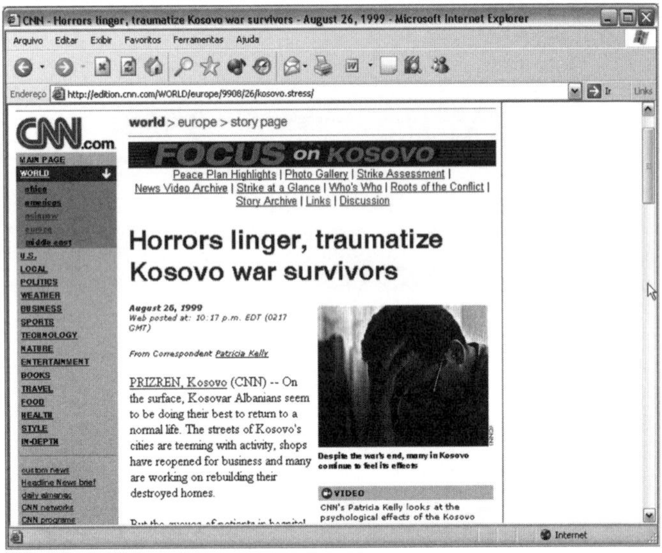

[CNN]

2000
Queda do Concorde em Paris (França)
Julho, 21

- O avião Concorde da Air France cai na periferia de Paris (França) e mata 113 pessoas. Um ano depois, o Departamento de Investigação de Acidentes Aéreos da França (BEA) confirma que uma pequena peça, que se soltou de um DC-10 da empresa aérea americana Continental Airlines, provocou o estouro de um dos pneus do Concorde, causando a tragédia.

  Cobertura do site da BBC

  http://news.bbc.co.uk/onthisday/hi/dates/stories/july/25/newsid_2797000/2797965.stm

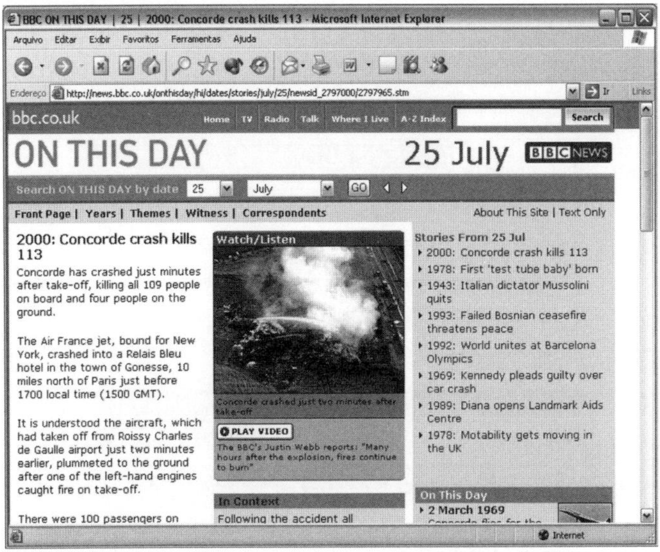

[BBC]

Olimpíadas

Agosto, 6

A Internet revoluciona a cobertura dos jogos de Sydney. Durante a década de 1980, o sistema de transmissão de imagens e processamento de resultados ganhou sofisticação e surgiram novos recursos de transmissão de dados, como o fax. Nos Jogos de Atlanta, em 1996, a Internet já existia, mas somente um número pequeno de pessoas possuía computador. A principal inovação foi a telefonia celular. Em 2000, a IBM, empresa responsável por todo o sistema de informatização dos Jogos de Sydney, esperava que o site oficial da competição (www.olimpcs.com) recebesse 1,4 bilhão de acessos até o dia 1º de outubro. De olho nos internautas, o Comitê Olímpico Brasileiro (COB) desenvolveu seu site (www.cob.org.br).

http://poynter.org/column.asp?id=49&aid=1136

Cobertura do site da BBC

http://news.bbc.co.uk/sport2/hi/olympics2000/default.stm

[BBC]

Eleições nos EUA
Novembro, 8

A contagem de votos das eleições presidenciais realizadas na madrugada do dia 8 se transforma na maior gafe da imprensa mundial. Todas as redes de televisão dos Estados Unidos apresentam projeções equivocadas sobre o novo presidente americano e transformam a cobertura das eleições numa comédia de erros madrugada afora. Às 23 horas no Brasil, os âncoras da rede televisiva CNN anunciam a vitória do democrata Al Gore. Alguns minutos depois, todas as emissoras americanas cravam a vitória do candidato republicano George W. Bush sobre o democrata Al Gore pela conquista da Flórida, com uma diferença de 2 mil votos. Depois de toda a confusão que marca a eleição presidencial na Flórida – com a vitória, contestada pelos democratas, mas confirmada posteriormente pela Corte Suprema federal, de George Bush por 537 votos, num total de cerca de 6 milhões –, o triunfo do candidato republicano acaba se confirmando em 18 de janeiro de 2001. Na recontagem manual dos 10,6 mil votos contestados – denominados *undervote*, cédulas não "lidas" pelas máquinas de votação por algum problema, como o de perfuração –, Bush vence o candidato democrata Al Gore por 251 votos a 245, e toma posse em 20 de janeiro.

Especiais gravados pelo Poynter Institute

http://web.archive.org/collections/e2k.html

Cobertura da rede CNN sobre as eleições

http://web.archive.org/e2k/20001107181605/www.cnn.com/ELECTION/2000/

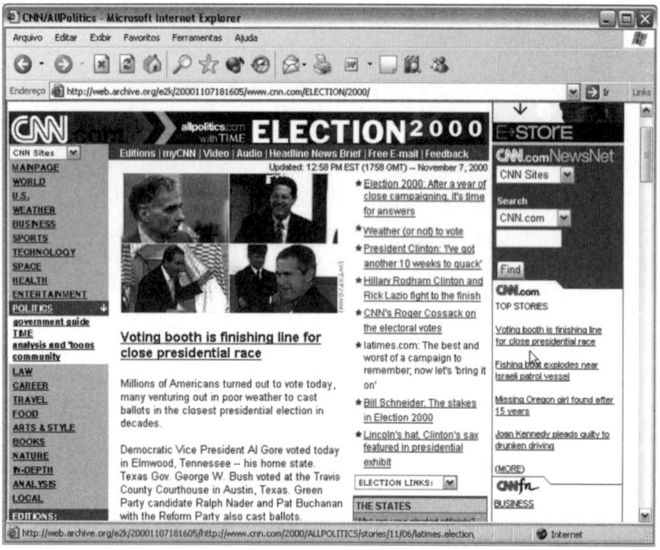

[CNN]

2001

Crise no Senado Brasileiro

Fevereiro, 14

A crise que atinge o Senado, com a confirmação de que o painel eletrônico de votação foi violado, agrava-se mais ainda com o depoimento de Regina Célia Borges, ex-diretora do Prodasen, ao Conselho de Ética do Senado, em abril. Regina não só reafirma tudo o que havia dito sobre o suposto envolvimento dos senadores José Roberto Arruda (PSDB-DF) e Antônio Carlos Magalhães (PFL-BA), como também fornece pistas que se transformaram em provas contundentes contra dois dos mais respeitados integrantes do Senado. Por causa desse depoimento, Arruda e ACM renunciam a seus mandatos em 24 e 30 de maio respectivamente.

Especial produzido pelo Terra

http://www.terra.com.br/noticias/especial/painel/painel.htm

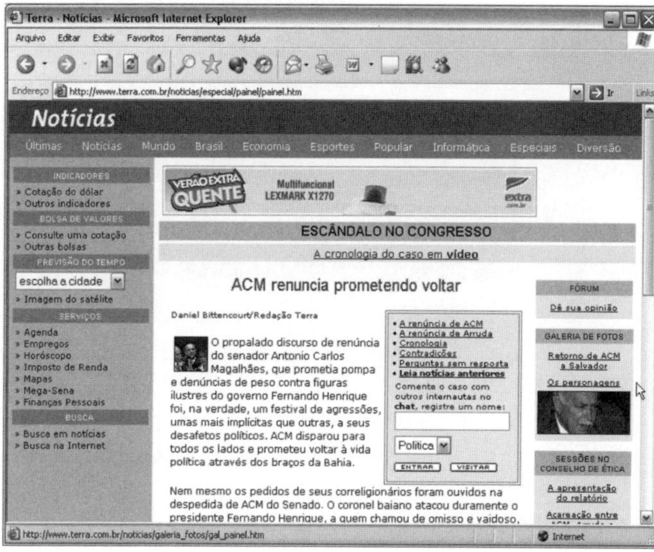

A explosão dos presídios

Fevereiro, 17

■ O Primeiro Comando da Capital (PCC), organização criminosa que domina presídios de São Paulo, desafia o Estado e promove rebeliões em 24 presídios. O motim é uma represália pela transferência, da Casa de Detenção, dos principais chefes do grupo. Contrariando uma regra dos presídios, parentes de presos e agentes penitenciários se tornam reféns.

Especial do jornal *O Estado de S. Paulo*

http://www.estadao.com.br/ext/presidio/

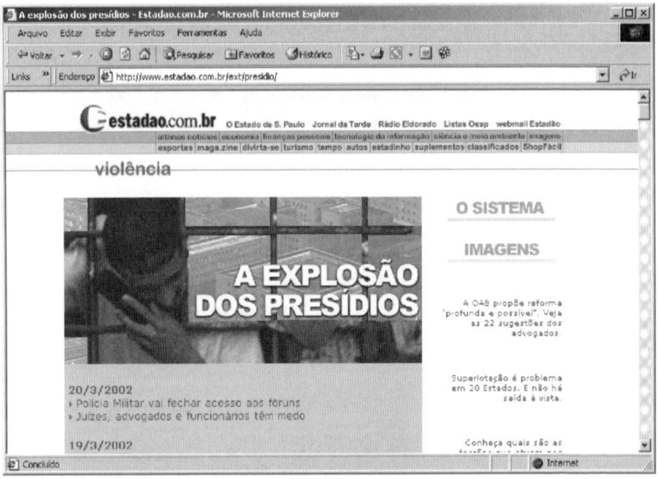

[Estadao.com.br]

A crise Argentina

Março, 17

O terceiro pacote econômico em menos de um ano e meio do governo do presidente Fernando de la Rúa, anunciado às 20h15 do dia 16 pelo ministro da Economia, Ricardo López Murphy, desencadeia uma forte crise no seio da Aliança, a coalizão de governo que reúne a União Cívica Radical (UCR) e a Frepaso, do ex-vice-presidente Carlos "Chacho" Alvarez. A Frepaso anuncia a retirada de todos os seus representantes do governo, sem romper com a Aliança. Renunciam os ministros do Interior, Federico Storani, da Educação, Hugo Juri, e do Desenvolvimento Social, Marcos Makón, a vice-chefe de Gabinete, Graciela

Meijide, a vice-ministra do Interior, Nilda Garré, e o secretário-geral da Presidência, Ricardo Mitre.

Especial produzido pela Folha On-line

http://www1.folha.uol.com.br/folha/dinheiro/2001-crise_argentina.shtml

[Folha On-line]

Crise energética

Maio, 17

- Começa o racionamento de energia elétrica no país. O governo anuncia um plano, com 25 medidas, para conter o consumo e, ao mesmo tempo, aumentar a oferta em cerca de 11 mil megawatts nas regiões Sudeste e Centro-Oeste e 4 mil megawatts no Nordeste. A idéia é reduzir em 20% o consumo de energia elétrica nas regiões Sudeste, Centro-Oeste e Nordeste e a redução de 35% do fornecimento de eletricidade para a iluminação pública e a suspensão completa do atendimento a estádios esportivos – até mesmo partidas de futebol – no período noturno.

Especial produzido pela *Folha On-line*

http://www.uol.com.br/folha/dinheiro/2001-crise_enrgetica.shtml

[Folha On-line]

Seqüestro do apresentador do SBT Silvio Santos

Agosto, 30

Depois de se hospedar em um flat em Barueri, interior de São Paulo, com nome falso, Fernando Dutra Pinto, mentor do seqüestro da filha de Silvio Santos, Patrícia Abravanel, é descoberto pela polícia e dá início a uma fuga espetacular. Ele volta à casa de Silvio Santos e faz o apresentador de tevê de refém. A polícia faz cerco à mansão do empresário por sete horas, mas só depois da chegada do governador Geraldo Alckmin o seqüestrador aceita se render.

Especial produzido pela *Folha On-line*

http://www1.folha.uol.com.br/folha/cotidiano/2001-sequestro-silvio_santos.shtml

[Folha On-line]

Atentado terrorista aos EUA
Setembro, 11

■ Os Estados Unidos são alvo de um ataque terrorista sem precedentes. As duas torres do World Trade Center, edifício mais alto de Nova York, onde trabalham 40 mil pessoas, são destruídas. O Pentágono, sede dos sistemas de defesa dos Estados Unidos, também é atingido. É a pior agressão em solo norte-americano desde o ataque de Pearl Harbor, durante a Segunda Guerra Mundial. Milhares de pessoas morrem no atentado. Os ataques paralisam os Estados Unidos, transformando as principais cidades do país em cidades-fantasmas. Todos os mercados financeiros são fechados, milhões de trabalhadores voltam para casa mais cedo, todos os vôos do país são cancelados e os aeroportos, fechados.

Especiais produzidos pelo *Estadão.com.br*, *The Washington Post* e *The Guardian*

http://www.estadao.com.br/ext/especiais/wtc/

http://www.washingtonpost.com/wp-dyn/nation/specials/attacked/sept11/

http://www.guardian.co.uk/september11/0,11209,597544,00.html

[Especial do jornal *Washington Post* sobre os atentados.]

Outubro, 7

Em resposta aos atentados do dia 11 de setembro nos Estados Unidos, o governo americano se armou com todo o seu potencial bélico para iniciar um contra-ataque sem precedentes ao terrorismo e ao Afeganistão, país comandado pela milícia do Taleban, acusada de proteger o suspeito número 1 dos Estados Unidos, o milionário saudita Osama bin Laden, dos ataques que ficaram conhecidos como a "Terça-feira Negra".

Cobertura especial do conflito e da caça a Bin Laden nos principais jornais do Brasil e do exterior.

http://www.elpais.com/todo-sobre/tema/atentados/septiembre/44/

http://www.usatoday.com/graphics/news/gra/gcruisemissile/frame.htm

http://www.usatoday.com/graphics/news/gra/gtaliban/flash.htm

http://www.washingtonpost.com/wp-srv/flash/photo/magazine/fall

http://www.washingtonpost.com/wp-srv/nation/graphics/attack/index.html

http://www.cnn.com/SPECIALS/2001/trade.center/military.map.html

Uma análise completa da cobertura dos ataques aos Estados Unidos e dos conflitos no Afeganistão feita por especialistas do Poynter Institute Research (Instituto Poynter de Estudos da Mídia) pode ser consultada em:

http://poynter.org/column.asp?id=49&aid=3401

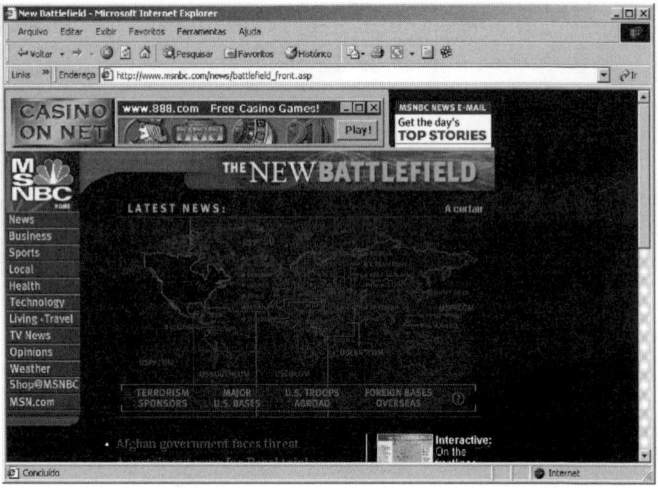

[Infográfico em Flash aponta a posição do exército americano e as áreas atacadas no Afeganistão.]

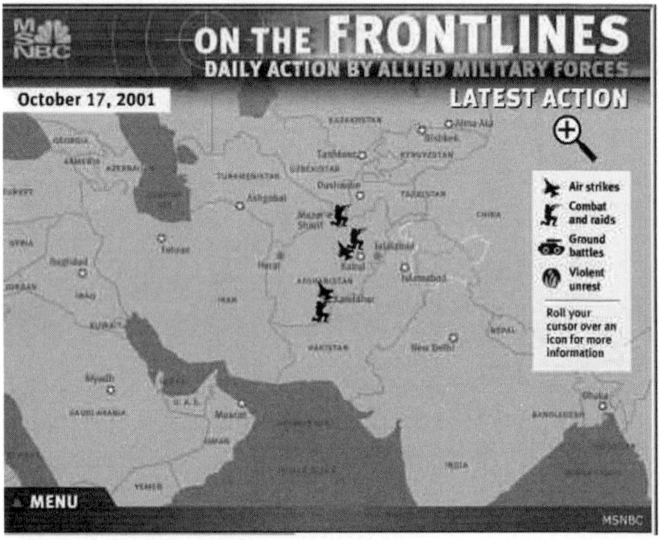

[Infográfico em Flash mostra os ataques de 17 de outubro de 2001 dos Estados Unidos ao Afeganistão.]

[Fotos das ruínas do World Trade Center, em Nova York, do dia 11 de setembro, feitas pelo fotojornalista James Nachtwey para o site da revista Time *(http://www.time.com/time/photoessays/shattered).]*

2002
Crise na Venezuela
Março, 25

A tensão política entre o governo venezuelano e a oposição se acirrou depois da decisão do Conselho Nacional Eleitoral (CNE) de pôr "em observação" mais de 1 milhão de assinaturas de solicitantes do referendo revogatório do mandato do presidente Hugo Chávez. A oposição desconhece a autoridade do CNE, convoca uma "resistência pacífica", e o governo o acusa de tentar um terceiro golpe de Estado contra Chávez.

Especial produzido pela Folha On-line sobre a crise

http://www1.folha.uol.com.br/folha/especial/2002/venezuela/

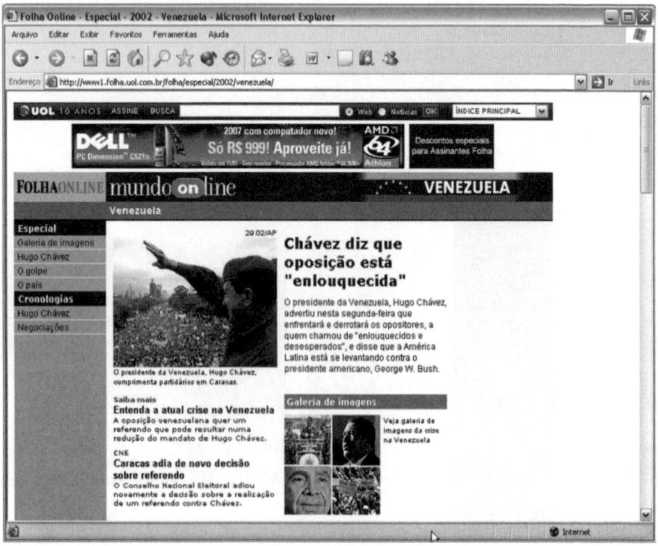

[*Folha On-Line*]

Brasil vence a Copa e é penta
Junho, 30

O Brasil é pentacampeão mundial de futebol. Com dois gols de Ronaldo na final contra a Alemanha, ambos no segundo tempo, o time brasileiro chegou ao seu quinto título mundial na história, vencendo por 2 a 0 no Japão.

Especial do UOL sobre a Copa do Mundo de 2002

http://esporte.uol.com.br/copa/2002/

[UOL]

Eleições no Brasil – Lula é eleito presidente
Outubro, 27

Após 22 anos de existência do PT, três derrotas e oito anos de oposição quase sistemática a Fernando Henrique Cardoso (com críticas ao modelo econômico e ao legado na área social), o ex-torneiro mecânico Luiz Inácio Lula da Silva chega à Presidência da República, levando a esquerda ao poder pela primeira vez no Brasil. Eleito com 61,3% dos votos, o que representa 52,7 milhões de eleitores, Lula venceu o economista José Serra, candidato oficial, duas vezes ministro de FHC e uma das principais lideranças do PSDB.

Especial da revista *Veja* sobre as eleições

http://eleicoes.uol.com.br/2002

[UOL]

2003
EUA invadem o Iraque
Março, 19

Os Estados Unidos e seus aliados deram início à guerra ao Iraque por volta das 23h35 (horário de Brasília). O ataque norte-americano tem como alvo autoridades da liderança iraquiana selecionadas por agências de inteligência dos Estados Unidos. O presidente norte-americano tem o apoio de 45 países.

Especiais da MSNBC e da BBC sobre a guerra

http://msnbc.com/modules/iraqmain/roadtobaghdad/

http://msnbc.com/modules/iraqmain/rebuildingiraq/

http://www.bbc.co.uk/iraqcons/iraq_nb.html

[MSNBC]

25 anos de papado de João Paulo
Outubro, 10

- O papa João Paulo II celebra uma missa solene para festejar seus 25 anos de pontificado, um dos mais longos da história da Igreja Católica, e pede aos fiéis de todo o mundo que rezem para que ele possa seguir com sua missão.

  Especial produzido pela CNN sobre os 25 anos de papado

  http://www.cnn.com/2003/WORLD/europe/10/15/pope.anniversary/

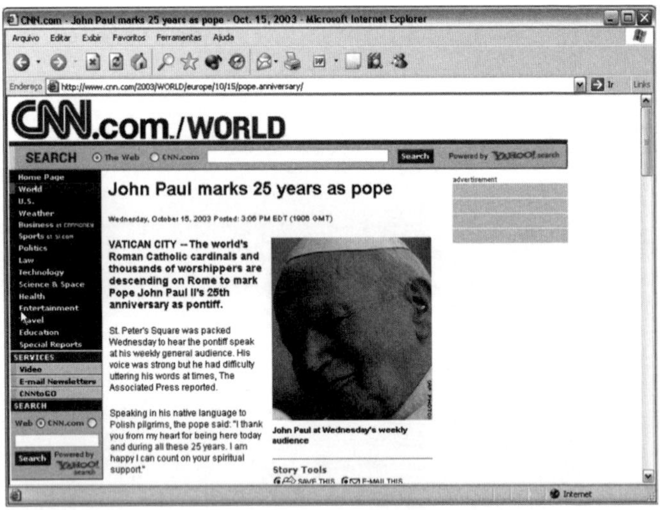

[CNN]

EUA prendem Saddam após oito meses de ocupação
Dezembro, 13

Soldados dos Estados Unidos capturam o ex-ditador iraquiano Saddam Hussein perto de sua cidade natal, Tikrit, no norte do país. Ele foi encontrado no sábado, às 20h30 (horário de Brasília), sujo, abatido e com a barba crescida, escondido num pequeno abrigo escavado no solo de uma fazenda. Saddam não reagiu à prisão.

Especial do Terra sobre a captura de Saddam Hussein

http://noticias.terra.com.br/especial/euaxiraque/

2004

Atentado em Madri

Março, 11

Cerca de 140 kg de dinamite explodem em quatro trens suburbanos de Madri (Espanha), atingindo estações de grande movimento: Atocha, El Pozo (sul) e Santa Eugênia (sudeste). No momento dos ataques, os trens e as estações estavam lotados de trabalhadores e estudantes. O atentando matou 191 pessoas e deixou mais de 1,9 mil feridos. Os atentados são atribuídos ao ETA (Euskadi Ta Askatasuna, ou Pátria Basca e Liberdade) grupo terrorista e separatista que luta pela independência da região basca, pelo então *premier* da Espanha, José María Aznar. O ETA nega a autoria dos atentados. No entanto, dois dias depois do ocorrido, os terroristas assumem, em fita de vídeo, o ataque como uma vingança da rede Al Qaeda pelo envio de tropas espanholas ao Iraque e ao Afeganistão. Investigações posteriores concluem que militantes islâmicos foram responsáveis pelo ataque.

Especial do jornal *El Mundo* sobre o atentado

http://www.elmundo.es/documentos/2004/03/espana/atentados11m/

[El Mundo]

Bush é reeleito nos EUA

Novembro, 3

- O presidente americano George W. Bush é reeleito. Em seu primeiro discurso, Bush afirmou que vai lutar para promover a democracia no Iraque e no Afeganistão e declarou para uma platéia que gritava "mais quatro anos": "Com bons aliados, vamos lutar essa guerra contra o terror para que nossos filhos possam viver em liberdade e em paz".

  Especial da CNN sobre as eleições

  http://edition.cnn.com/ELECTION/2004/pages/results/index.html

[CNN]

Morre Iasser Arafat

Novembro, 11

O presidente da Autoridade Nacional Palestina, Iasser Arafat, 75, morreu por volta das 2 horas da madrugada (horário de Brasília), em decorrência de falência múltipla dos órgãos. O líder palestino estava internado havia 14 dias no hospital militar Percy, perto de Paris, sofrendo de uma doença não diagnosticada pelos médicos. A morte foi anunciada pela emissora de TV do Catar, *Al-Jazira*, e logo em seguida confirmada na Mukata, o quartel-general do governo palestino em Ramalá.

Especial produzido pela *Folha On-line* sobre Iasser Arafat
http://www1.folha.uol.com.br/folha/especial/2004/morrearafat/

[Folha On-line]

Tsunami
Dezembro, 26

Um terremoto de 8,9 graus na escala Richter, o mais forte registrado nos últimos quarenta anos, provoca ondas gigantes (de até 10 metros de altura) e diversos tsunamis (tipo especial de onda oceânica, gerada por distúrbios sísmicos, que possui alto poder destrutivo quando chega à região costeira) na Ásia, deixando milhares de mortos em Sri Lanka, Índia, Indonésia, Malásia e Tailândia.

Especial da BBC

http://www.bbc.co.uk/portuguese/noticias/cluster/2004/12/041229_tsunami.shtml

Especial MSNBC de um ano da tragédia

http://www.msnbc.msn.com/id/6758619/

[BBC]

2005

Morre o Papa João Paulo II

Abril, 4

Morre aos 84 anos o papa João Paulo II, o polonês que liderou a Igreja Católica Romana por 26 anos e teve um papel vital na queda do comunismo na Europa. A notícia é anunciada pelo Vaticano para cerca de 60 mil pessoas que acompanhavam os últimos momentos do papa na Praça de São Pedro, na Cidade do Vaticano. Há um longo aplauso – sinal italiano de respeito. Os sinos dobram e muitas pessoas começam a chorar abertamente pelo carismático líder dos 1,1 bilhão de católicos do mundo todo. Segundo o comunicado oficial, o papa morreu às 21h37 (16h37 de Brasília).

Especiais sobre a morte do papa João Paulo II produzidos pela CNN, pela ABC News e pelo jornal *El País*

http://edition.cnn.com/SPECIALS/2005/pope/

http://abcnews.go.com/International/Pope/story?id=630321&page=1

http://www.elpais.es/comunes/2005/papa/

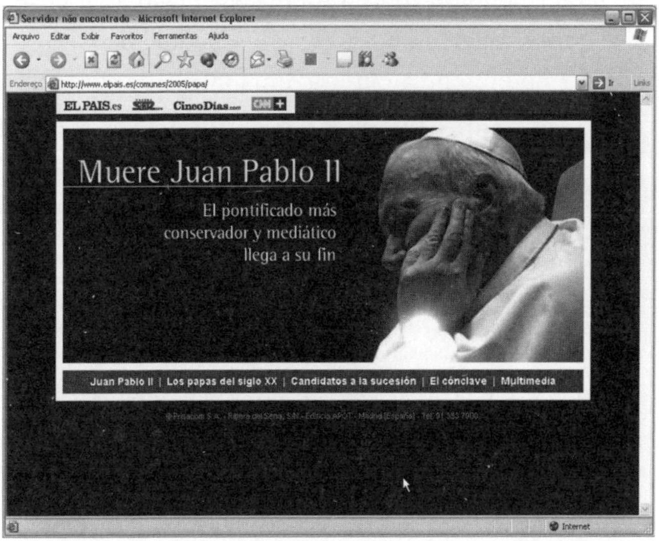

[El Pais]

Escândalo do mensalão
Junho, 6

- O deputado Roberto Jefferson (PTB-RJ) afirma, em entrevista ao jornal *Folha de S.Paulo*, que congressistas aliados recebem o que chamou de um "mensalão" de R$ 30 mil do tesoureiro do PT, Delúbio Soares. Na entrevista, Jefferson diz que a prática durou até o começo do ano, quando o presidente Luiz Inácio Lula da Silva teria tomado conhecimento do caso. Outros ministros, como José Dirceu (Casa Civil) e Antonio Palocci (Fazenda) haviam sido alertados antes do esquema – que beneficiaria pelo menos o PP e o PL. Jefferson está há três semanas no centro do noticiário pelas denúncias que atingem os Correios e o Instituto de Resseguros do Brasil, estatais que têm indicados do PTB em seus quadros. A crise decorrente das denúncias leva a um pedido de CPI que o governo pretendia enterrar em junho.

Leia a entrevista de Jefferson (disponível somente para assinantes) na *Folha On-line*

http://www1.folha.uol.com.br/fsp/brasil/fc0606200502.htm

Ouça trechos da entrevista de Jefferson

http://www1.folha.uol.com.br/folha/multimidia/audio/20050606-entrevista_com_roberto_jefferson.wma

Especial da *Folha On-line* sobre as denúncias

http://www1.folha.uol.com.br/folha/especial/2005/cpidomensalao/

Especial da *Folha On-line* sobre o escândalo do mensalão

http:/www1.folha.uol.com.br/folha/especial/2005/cpidomensalão

[Folha On-line]

Crise na Bolívia

Junho, 27

O governo boliviano anuncia que irá fazer uma devassa nas empresas de petróleo que atuam no país, incluindo a Petrobras. Decreto publicado no país prevê a realização de "auditorias especiais" nas áreas financeira, operacional, jurídica e técnica nas companhias que passaram a atuar na Bolívia em razão do processo de privatização ou por meio de contratos de risco, que é o caso da estatal brasileira. A crise política e institucional da Bolívia tem origem na mudança da tributação da exploração de petróleo e gás, hoje uma das principais riquezas do país. No início de maio, o Congresso aprovou uma nova lei que cria um imposto de 32% para as companhias de petróleo, além dos 18% que já são cobrados em forma de *royalties* (retribuição financeira paga mensalmente pelo franqueado ao franqueador pelo uso contínuo da marca).

Especial da *Folha On-line* sobre a crise boliviana

http://www1.folha.uol.com.br/folha/especial/2005/crisenabolivia/

[Folha On-line]

Atentado em Londres
Julho, 7

Uma série de atentados terroristas a bomba mata mais de cinqüenta pessoas em Londres. A primeira explosão ocorre às 4h51 (horário de Brasília) no túnel entre as estações de metrô de Moorgate e Liverpool Street, no leste da cidade. Em seguida, outra explosão é registrada às 4h56 entre as estações de King's Cross e Russell Square. A terceira, às 5h17, atinge as estações de metrô de Edgware Road e Paddington. Esta última derrubou a parede de um túnel no ponto em que convergiam três trens.

Especial do jornal *El Mundo* sobre a onda de atentados

http://www.elmundo.es/documentos/2005/07/internacional/atentados_londres/graficos/index.html

[El Mundo]

Furacão Katrina
Agosto, 20

O furacão Katrina atinge o sul dos Estados Unidos, mata 1,2 mil pessoas e provoca fortes danos materiais ao longo da costa e rupturas de diques em Nova Orleans (Louisiana), inundada 80% durante vários dias. Dezenas de milhares de pessoas fogem da região. Os agricultores norte-americanos amargam quase 900 milhões de dólares em perdas devido à passagem do Katrina pelo centro-sul do país e prejuízos estimados em 1,3 bilhão de dólares pela seca ocorrida na região oriental do Cinturão do Milho.

Especial da MSNBC sobre a tragédia

http://www.msnbc.msn.com/apps/ve/katrina.htm

http://www.msnbc.msn.com/id/9163859/displaymode/1107/s/2/

[MSNBC]

2006
ETA anuncia trégua
Março, 22

O grupo separatista basco ETA anuncia a adoção de "um cessar-fogo permanente", a partir das 0h do dia 23, que, se efetivamente cumprido, porá fim a quase quarenta anos de atentados terroristas que mataram cerca de 800 pessoas na Espanha. O anúncio foi feito ao meio-dia por três pessoas com os rostos cobertos por capuzes, em vídeo transmitido pela televisão pública do País Basco.

Especial do jornal *El País*

http://www.elpais.es/comunes/2006/eta/

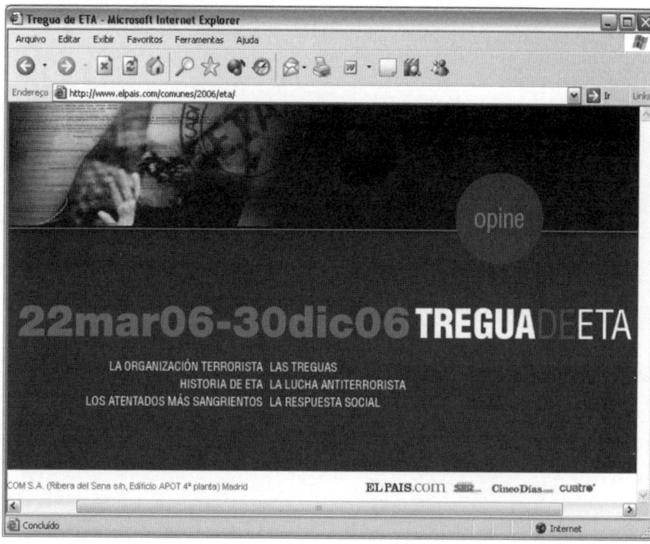

[El País]

Terror em São Paulo
Maio, 12

São Paulo começa a vivenciar uma onda de ataques a policiais, guardas municipais e agentes penitenciários. A ação – a maior já ocorrida contra a força de segurança no Estado – é atribuída ao Primeiro Comando da Capital (PCC), em resposta à decisão do governo do Estado de isolar líderes da facção criminosa. Dezenas de pessoas morrem.

Leia especial do jornal *O Estado de S. Paulo* sobre o terror

http://www.estadao.com.br/ext/especial/extraOn-line/infograficos/cerco/index.htm

[Estadao.com.br]

Brasil perde a Copa
Julho, 2

Favorita ao título do Mundial de futebol, a seleção brasileira tem atuação desastrosa no campeonato, perde para a França pela terceira vez em uma Copa, desperdiça chance única de revanche e é eliminada nas quartas-de-final. O time de Zinedine Zidane ganha do Brasil por 1 a 0 em Frankfurt (Alemanha).

Leia especial do jornal *El Mundo* sobre a Copa

http://www.elmundo.es/mundial/2006/

[El Mundo]

Atentado terrorista na Índia
Julho, 11

Ao menos 179 pessoas morrem e 661 ficam feridas durante uma série de oito explosões coordenadas em Mumbai (antiga Bombaim), no pior ataque terrorista em dez anos na Índia. As explosões ocorreram dentro de vagões da primeira classe dos trens por volta das 18h30 do horário local (10h de Brasília), quando muitos trabalhadores voltavam para casa. A força das bombas destruiu portas e janelas dos trens, arremessando pertences dos passageiros para fora. A circulação dos trens foi suspensa depois do incidente e retomada só por volta da meia-noite local. Milhares de pessoas ficaram impossibilitadas de viajar. Momentos após o atentado, o sistema de telefonia celular entrou em colapso.

Leia especial do *El País* sobre Mumbai

http://www.elpais.es/comunes/2006/bombay/

[El País]

Guerra no Líbano
Julho, 12

Israel invade 6 km no território do Líbano e responde com artilharia pesada, bombardeios aéreos e pelo mar, além de promessas de intensificar a ação militar, depois de ações do dia 11 de julho do grupo Hizbollah, em que dois soldados foram seqüestrados, oito morreram e quatro civis ficaram feridos – as piores baixas desde a retirada militar israelense do sul libanês, em 2000.

Especial sobre a guerra no *El Mundo*

http://www.elmundo.es/especiales/2004/11/internacional/orienteproximo/conflicto/libano/ofensiva.html

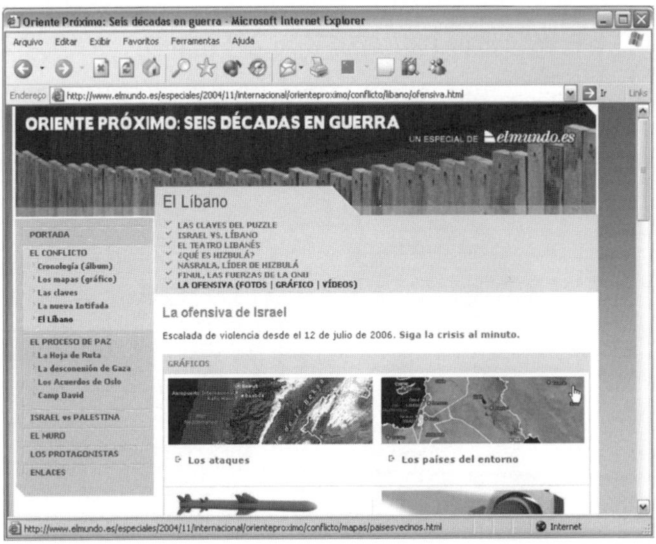

[El Mundo]

Fidel adoece e irmão ocupa o poder
Julho, 31

O ditador cubano Fidel Castro é operado do intestino e transfere o poder provisoriamente a seu irmão Raúl Castro, vice-presidente de Cuba e seu provável sucessor. É a primeira vez que Fidel, doente, transfere o poder. O líder cubano comanda o país desde a revolução de 1959 e acumula os cargos de primeiro-secretário do Partido Comunista, comandante das Forças Armadas e presidente do Conselho Executivo de Estado. Raúl acompanha o comandante desde os tempos da guerrilha que derrubou o ditador Fulgêncio Batista.

Leia especial sobre Fidel Castro no *El Mundo*

http://www.elmundo.es/especiales/2006/08/internacional/cuba/index.html

[El Mundo]

Saddam Hussein
Dezembro, 30

A televisão iraquiana noticiou, com base em informações do Ministério do Exterior em Bagdá, que o ex-presidente iraquiano Saddam Hussein, 69 anos, foi enforcado na manhã de sábado, às 6 horas, por crime contra a humanindade. O Pentágono afirmou estar preparado para reações violentas no Iraque.

http://www.elpais.com/todo-sobre/persona/Husein/Sadam/372/

http://www.elpais.com/articulo/internacional/cuerpo/Sadam/trasladado/Trikit/ser/enterrado/ciudad/natal/elpepuint/20061230elpepuint_1/Tes

ELPAIS.com - El cuerpo de Sadam, trasladado a Trikit para ser enterrado en su ciudad natal - In - Microsoft Internet Explorer

Arquivo Editar Exibir Favoritos Ferramentas Ajuda

Endereço http://www.elpais.com/articulo/internacional/cuerpo/Sadam/trasladado/Trikit/ser/enterrado/ciudad/natal/elpepuint/20061230elpepuint_1/Tes

ELPAIS.com Internacional

Inicio | Internacional | España | Deportes | Economía | Tecnología | Cultura | Gente y TV | Sociedad | Opinión | Blogs | Participa

América Latina | Europa | Estados Unidos | Oriente Próximo | Corresponsales

ELPAIS.com > Internacional

El cuerpo de Sadam, trasladado a Trikit para ser enterrado su ciudad natal

Varios atentados tras la ejecución del ex presidente iraquí dejan 70 muertos

ELPAIS.com / AGENCIAS - Madrid / Bagdad / Washington / Dubai - 30/12/2006

Vota | Resultado 1070 votos | Comentarios - 50

Concluído | Internet

[El País]

Augusto Pinochet
Dezembro, 10

O ditador chileno, Augusto Pinochet, 91 anos, que governou o Chile entre 1973 e 1990, faleceu neste domingo, às 15:15 horas pelo horário de Brasília, no Hospital Militar de Santiago. Ele havia sido internado na madrugada do dia 3, após sofrer um ataque cardíaco. Pinochet morreu no mesmo dia do aniversário de sua esposa, Lucía Hiriart Rodrigues, que completou 84 anos. Grupos peruanos defensores dos direitos humanos ressaltaram a ironia de que a morte do ditador chileno Augusto Pinochet tenha ocorrido no Dia Internacional dos Direitos Humanos, celebrado neste domingo.

http://www.elpais.com/comunes/2006/pinochet/

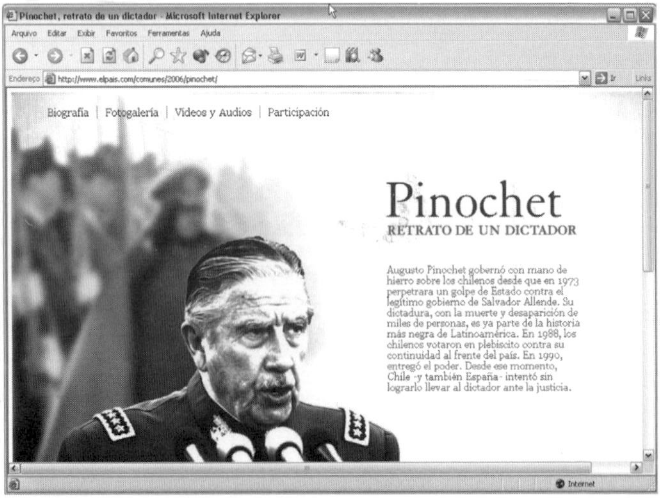

[El País]

Conceito e nomenclaturas

Jornalismo digital é o termo utilizado para designar o jornalismo produzido na Web ou outros suportes de publicação de conteúdo como, por exemplo, celular ou Ipod. Também é denominado jornalismo multimídia, pois implica a possibilidade da manipulação conjunta de dados digitalizados de diferentes naturezas: texto, som e imagem. Para os pesquisadores Luciana Mielniczuk e João Canavilhas, o mais adequado é chamá-lo de webjornalismo, pois designa a produção de conteúdo exclusivamente para a Web.

Javier Díaz Noci, professor de redação jornalística e de ciberperiodismo da Universidade do País Basco, defende a nomenclatura jornalismo eletrônico multimídia interativo. Apesar dessa denominação, Noci pondera que são produtos informativos jornalísticos dedicados à informação atual elaborada e publicados conforme regras estabelecidas da profissão e geralmente por empresas de comunicação que têm apostado na Internet como principal negócio.

Diversos pesquisadores utilizaram nomenclaturas diferentes para denominá-lo, como, por exemplo, Helder Bastos[15] e Elias Machado Gonçalves.[16] Bastos prefere o termo jornalismo eletrônico para englobar o jornalismo on-line e o jornalismo digital. Trata-se de uma fórmula: JE = JO + JD. A justificativa,

[15] Ver Luciana Mielniczuk, *Jornalismo na web: uma contribuição para o estudo do formato da notícia na escrita hipertextual*, dissertação de doutorado em Comunicação e Cultura Contemporâneas (Salvador: Faculdade de Comunicação – UFBA, 2003), pp. 20-29, disponível em: http://www.facom.ufba.br/jol/produção_teses.htm, acessado em 18 de setembro de 2006.

[16] Elias Machado Gonçalves, *La estructura de la noticia en las redes digitales: un estudio de las consecuencias de las metamorfosis tecnológicas en el periodismo*, tese de doutorado (Barcelona: Facultad de Ciencias de la Comunicación – Universidad Autónoma de Barcelona, 2000).

segundo o autor, é a de que integrada às práticas do jornalismo assistido por computador está a pesquisa on-line, que ele classifica como jornalismo on-line.[17]

A proposta de Bastos refere-se a pesquisas realizadas em redes em que as informações circulam em tempo real e cujo objetivo é a apuração jornalística (busca de conteúdos, recolha de informações e contato com fontes). Essas possibilidades de disponibilização de informações na rede são denominadas jornalismo digital. Para Bastos, fazer apuração é jornalismo on-line, e desenvolver e disponibilizar produtos é jornalismo digital.

A definição mais correta do ponto de vista das possibilidades de produção, distribuição e circulação de conteúdos é a de Gonçalves.[18] O pesquisador do Grupo de Pesquisa em Jornalismo On-Line da Faculdade de Comunicação da Universidade Federal da Bahia afirma que a designação "on-line" restringe a produção na rede e não contempla todas as especificidades da rede; por isso defende o uso do termo jornalismo digital.

Tendo como pano de fundo o conceito de ciberespaço definido por André Lemos "como o lugar onde estamos quando entramos em um ambiente virtual e como o conjunto de redes de computadores, interligadas ou não, em todo o planeta (BBS, videotextos, Internet)",[19] Mielniczuk afirma que "a palavra ciberespaço vai remeter ao jornalismo realizado com o auxílio de possibilidades tecnológicas oferecidas pela cibernética ou o jornalismo praticado no ciberespaço."[20]

---

[17] Ver Luciana Mielniczuk, *Jornalismo na web: uma contribuição para o estudo do formato da notícia na escrita hipertextual*, cit., pp.20-22.

[18] Elias Machado Gonçalves, *La estructura de la noticia en las redes digitales: un estudio de las consecuencias de las metamorfosis tecnológicas en el periodismo*, cit.

[19] Ver Luciana Mielniczuk, *Jornalismo na Web: uma contribuição para o estudo do formato da notícia na escrita hipertextual*, cit., pp. 20-22.

[20] *Ibid.*, p. 26.

De fato, a expressão jornalismo digital é a mais plausível tendo em vista que o conteúdo pode ser produzido para a Web e a partir da Web. Explico: por meio dos sistemas de publicação disponíveis no mercado, é possível editar informações para serem distribuídas em plataformas como SMS (mensagem de texto curta), Podcast (formato de arquivo padronizado mundialmente para distribuição automática de áudio, vídeo e texto), PDA (computador de mão), MMS (serviço de mensagem multimídia), Moblog (blog atualizado pelo celular), RSS (um formato de distribuição de informações pela Internet, como notícias), newsletters (boletins informativos) ou newsalerts (alertas de notícias). Esses conteúdos fazem parte da terceira fase do jornalismo digital, que iremos discutir no tópico seguinte.

O quadro a seguir apresenta de forma resumida as nomenclaturas propostas anteriormente.[21]

Nomenclatura	Definição
Jornalismo eletrônico	Utiliza equipamentos e recursos eletrônicos.
Jornalismo digital ou jornalismo multimídia	Emprega tecnologia digital, todo e qualquer procedimento que implica o tratamento de dados em forma de bits.
Ciberjornalismo	Envolve tecnologias que utilizam o ciberespaço.
Jornalismo on-line	É desenvolvido utilizando tecnologias de transmissão de dados em rede e em tempo real.
Webjornalismo	Diz respeito à utilização de uma parte específica da Internet, que é a Web.

[21] *Ibid.*, p. 27.

Fases e características

Desde que o jornalismo digital surgiu, há mais de quinze anos,[22] são inúmeras as tentativas para desenvolver sites noticiosos adequados às caracteristicas da Web e atraentes aos internautas. Ao longo desse período, ocorreram muitas transformações com os produtos criados para o cibespaço. Na tentativa de compreendê-las, autores como Pavlik,[23] Silva Jr.,[24] Palacios,[25] Boczkowski[26] e Machado[27] propõem quatro classificações. As características do jornalismo digital serão apresentadas a seguir.

Fases

Primeira fase

Modelo presente nos primeiros jornais on-line, nos quais a formatação e a organização seguiam diretamente o modelo do jornal impresso. Trata-se de um uso mais hermético e fiel da idéia da metáfora.

---

[22] Tim Bernes Lee divulgou em 6 de agosto de 1991 o código da World Wide Web (www). Na época, Bernes Lee afirmou que ela seria gratuita para todos. O autor contesta o conceito de Web 2.0 de que a base estaria ligada ao foco no usuário, pois esse foi o propósito dele ao criar a Web.

[23] John Pavlik, *Journalism Tools for the Digital Age*, VII Fórum Mundial de Editores, Rio de Janeiro, 7 de junho de 2000.

[24] Ver Luciana Moherdaui, *O usuário de notícias no jornalismo digital: um estudo sobre a função do sujeito no Último Segundo e no A Tarde On-line*, dissertação de mestrado em comunicação (Salvador: Programa de Pós-graduação em Comunicação e Cultura Contemporâneas – UFBA, 2005), pp. 25-26, disponível em http://www.facom.ufba.br/jol/producao_dissertacoes.htm, acessado em 18 de setembro de 2006.

[25] *Ibidem*.

[26] Pablo Boczkowski, *Digitizing the News* (Londres: The MIT Press, 2004).

[27] Ver Luciana Moherdaui, *O usuário de notícias no jornalismo digital: um estudo sobre a função do sujeito no Último Segundo e no A Tarde On-line*, cit., pp. 25-26.

Num primeiro momento, os produtos oferecidos eram reproduções de partes dos grandes jornais impressos, que passavam a ocupar o espaço na Internet. O que era chamado então de jornal on-line, na Web, não passava da transposição de uma ou duas das principais matérias de algumas editorias. Esse material era atualizado a cada 24 horas, de acordo com o fechamento das edições do impresso. Em alguns casos, como o de *O Estado de S. Paulo*, eram disponibilizados também o conteúdo de alguns cadernos semanais. Os produtos dessa fase, em sua maioria, são simplesmente cópias do conteúdo de jornais existentes no papel, só que para a Web. A rotina de produção de notícias é totalmente atrelada ao modelo estabelecido nos jornais impressos. No que diz respeito ao formato de apresentação das narrativas jornalísticas, não há nenhuma evidência de preocupação com relação a uma possível forma inovadora de apresentação das narrativas jornalísticas. A disponibilização de informações jornalísticas na Web fica restrita à possibilidade de ocupar um espaço, sem explorá-lo, enquanto um meio que apresenta características específicas.[28]

[Metáfora do impresso]

[28] Luciana Mielniczuk, *Jornalismo na web: uma contribuição para o estudo do formato da notícia na escrita hipertextual*, cit., pp. 32-33.

Segunda fase

Quando mesmo submetido à metáfora do impresso são desenvolvidos no jornalismo on-line novos tipos de produtos. Jornalistas criam conteúdos originais para a rede, passando a utilizar hiperlinks, interatividade, ferramentas de busca, conteúdo multimídia como vídeo, áudio e imagens, customização de conteúdo. Há uma maior agregação de recursos possibilitados pelas tecnologias da rede em relação ao jornalismo digital. Nesse estágio, permanece o caráter transpositivo, posto que, por rotinas de automação da produção interna do conteúdo do jornal, há uma potencialização em relação aos textos produzidos para o impresso, gerando o reaproveitamento para a versão on-line. No entanto há a percepção, por parte desses veículos, de elementos pertinentes a uma organização da notícia na rede.

> Com o aperfeiçoamento e desenvolvimento da estrutura técnica da Internet no país, e seguindo uma tendência mundial, no final dos anos 1990, mesmo atrelado ao modelo do jornal impresso começam a ocorrer experiências no produto jornalístico na tentativa de explorar as características oferecidas pela rede. Essa fase em que o jornal impresso funciona como uma referência para a elaboração das interfaces dos produtos, chamamos de "fase da metáfora". Ao mesmo tempo em que se ancoram no modelo do jornal impresso, as publicações para a Web começam a explorar as potencialidades do novo ambiente, tais como links com chamadas para notícias de fatos que acontecem no período entre as edições; o e-mail passa a ser utilizado como uma possibilidade de comunicação entre jornalista e leitor ou entre os leitores, através de fóruns de debates e a elaboração das notícias passa a explorar os recursos oferecidos pelo hipertexto. A tendência ainda é a existência de produtos vinculados não só ao modelo do jornal impresso enquanto produto, mas também às empresas jornalísticas cuja credibilidade e rentabilidade estavam associadas ao jornalismo impresso específicas.[29]

[29] *Ibid.*, p. 34.

[Mesmo submetido à metáfora do impresso, são desenvolvidos novos tipos de produtos.]

Terceira fase

Quando são lançadas iniciativas tanto empresariais quanto editoriais adaptadas ao ciberespaço. Caracteriza-se pela produção de conteúdos noticiosos originais desenvolvidos para a Web; o uso de recursos multimídia; a convergência entre suportes diferentes (multimodalidade); a disseminação de um mesmo produto em várias plataformas e/ou serviços informativos; e a produção de conteúdo pelo usuário. Há também o reconhecimento do ambiente como um novo meio de comunicação. O aspecto mais importante da terceira geração é considerado por Pavlick como as experimentações de novas formas de *storytelling*. Ele cita a possibilidade de narrativas imersivas que permitem ao usuário navegar pela informação multimídia. *Storytelling* é a palavra utilizada por autores americanos para se referirem à narrativa do fato jornalístico.

[Quando a produção é adaptada às características do ciberespaço, tendo em vista a participação do usuário.]

O cenário se modifica a partir da crescente popularização do uso da Internet e também do surgimento de iniciativas tanto empresariais quanto editoriais destinadas exclusivamente para esse suporte. São sites jornalísticos que extrapolam a idéia de uma versão para a Web de um jornal impresso já existente. Um dos primeiros e, talvez, um dos principais exemplos dessa situação seja a fusão entre a Microsoft e a NBC, uma empresa de informática e uma empresa jornalística de televisão, ocorrida em 1996 (*Estado*, 1997). O que gerou o site jornalístico: *www.msnbc.com*, o qual não surgiu como decorrência da tradição e da experiência das empresas proprietárias no jornalismo impresso. Nos produtos jornalísticos dessa etapa, é possível observar tentativas de, efetivamente, explorar e aplicar as potencialidades oferecidas pela Web para fins jornalísticos. Nesse estágio, entre outras possibilidades, os produtos jornalísticos apresentam recursos em multimídia, como sons e animações, que enriquecem a narrativa jornalística; oferecem recursos de interatividade, como chats com a participação de personalidades públicas, enquetes, fóruns de discussões;

disponibilizam opções para a configuração do produto de acordo com interesses pessoais de cada leitor/usuário; apresentam a utilização do hipertexto não apenas como um recurso de organização das informações da edição, mas também começam a empregá-lo na narrativa de fatos.[30]

Quarta fase

Jornalismo digital baseado em bancos de dados inteligentes que aparece aos usuários como uma interface tipificada no espaço navegável, que permite explorar, compor, recuperar e interagir com as narrativas. Machado toma como pressuposto os conceitos do pesquisador russo Lev Manovich, segundo o qual os bancos de dados são identificados como uma coleção de itens que permite uma variedade de operações: ver, navegar, buscar, intercambiar informações e compor formas diferenciadas de narrativas.

> A característica do ciberespaço como um espaço navegável, que permite movimentos através da arquitetura da informação, possibilita que a composição possa ser pensada como um tipo de enredo que determina os eventos de uma narrativa interativa dispostos em torno de um espaço audiovisual. Ao indicar uma ordem, mesmo que incorpore uma variedade de alternativas de composição resultantes dos processos de interação, a arquitetura da informação, como um roteiro, parte do pressuposto de que deve existir um começo, um fluxo interativo e um fim para cada narrativa. Em qualquer que seja o caso, como tratamos de espaços interativos, o que pode variar são as possibilidades diferenciadas de começo, de fluxos interativos e de finais previstos na arquitetura da informação como uma estrutura que condiciona a composição da narrativa.[31]

[30] *Ibid.*, p. 36.

[31] Elias Machado Gonçalves, *Banco de dados como formato no jornalismo digital*, em VI Congresso Lusófono de Ciências da Comunicação, 2004, Covilhã, p. 11.

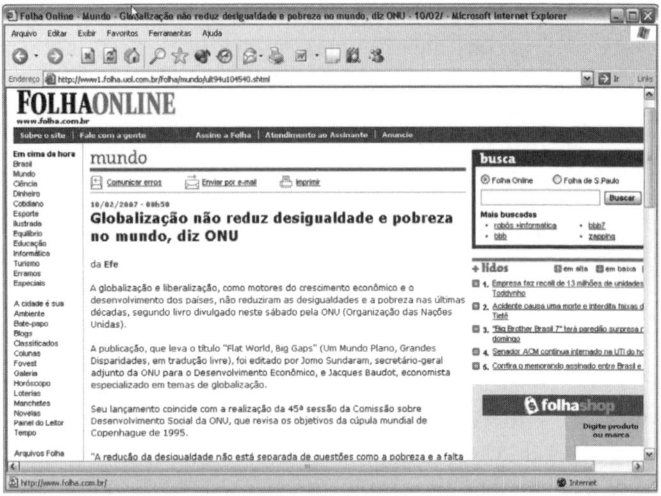

Folha Online - Mundo - Globalização não reduz desigualdade e pobreza no mundo, diz ONU - 10/02/ - Microsoft Internet Explorer

Arquivo Editar Exibir Favoritos Ferramentas Ajuda

Endereço http://www1.folha.uol.com.br/folha/mundo/ult94u104540.shtml

FOLHAONLINE
www.folha.com.br

Sobre o site | Fale com a gente | Assine a Folha | Atendimento ao Assinante | Anuncie

Em cima da hora
Brasil
Mundo
Ciência
Dinheiro
Cotidiano
Esporte
Ilustrada
Equilíbrio
Educação
Informática
Turismo
Erramos
Especiais

A cidade é sua
Ambiente
Bate-papo
Blogs
Classificados
Colunas
Fovest
Galeria
Horóscopo
Loterias
Manchetes
Novelas
Painel do Leitor
Tempo

Arquivos Folha

mundo

Comunicar erros | Enviar por e-mail | Imprimir

10/02/2007 - 08h50

Globalização não reduz desigualdade e pobreza no mundo, diz ONU

da **Efe**

A globalização e liberalização, como motores do crescimento econômico e o desenvolvimento dos países, não reduziram as desigualdades e a pobreza nas últimas décadas, segundo livro divulgado neste sábado pela ONU (Organização das Nações Unidas).

A publicação, que leva o título "Flat World, Big Gaps" (Um Mundo Plano, Grandes Disparidades, em tradução livre), foi editado por Jomo Sundaram, secretário-geral adjunto da ONU para o Desenvolvimento Econômico, e Jacques Baudot, economista especializado em temas de globalização.

Seu lançamento coincide com a realização da 45ª sessão da Comissão sobre Desenvolvimento Social da ONU, que revisa os objetivos da cúpula mundial de Copenhague de 1995.

"A redução da desigualdade não está separada de questões como a pobreza e a falta

busca
Folha Online | Folha de S.Paulo
Buscar
Mais buscadas
• robôs +informatica • bbb7
• bbb • zapping

+ lidos
1. Empresa faz recall de 13 milhões de unidades Toddynho
2. Acidente causa uma morte e interdita faixas d Tietê
3. "Big Brother Brasil 7" terá paredão surpresa r domingo
4. Senador ACM continua internado na UTI do ho
5. Confira o memorando assinado entre Brasil e

folhashop
Digite produto ou marca

http://www.folha.com.br/ Internet

[Narrativas jornalísticas baseadas em banco de dados inteligentes – Na tela, a matéria da Folha On-line *sobre globalização e links relacionados e o banco de dados do jornal sobre aquele tema.]*

Características

Conforme foi apresentado no tópico anterior, o jornalismo digital pode ser classificado em quatro fases: primeira fase, sustentada pela reprodução dos conteúdos dos meios impressos; segunda fase, quando mesmo submetido à metáfora do impresso, são desenvolvidos novos tipos de produtos ao jornalismo on-line; terceira fase, quando são lançadas iniciativas tanto empresariais quanto editoriais adaptadas às características do ciberespaço, sendo que Boczkowski incluiu nesta terceira fase a produção de conteúdo pelo usuário; quarta fase, jornalismo digital com base em bancos de dados inteligentes.

Tendo em vista essa classificação, foram apontadas oito características do jornalismo digital por Machado, Palacios,

Canavilhas, Bardoel e Deuze, Pavlick, Deuze,[32] Mielniczuk,[33] Murray.[34] Tais características farão parte da produção de conteúdo para a Web proposta no próximo capítulo (ver p. 143).

- *Interatividade* – Deuze afirma que a interatividade não é um termo ou conceito que surge com a Web. A interação já ocorria no rádio e na TV, por exemplo. Mas a Internet amplifica essa ação. O leitor/usuário deixa de apenas receber a informação e torna-se mais ativo. Além de interagir, ele pode produzir e distribuir informação. Mark e Deuze consideram que a notícia on-line possui a capacidade de fazer com que o usuário se sinta diretamente parte do processo jornalístico. Isso pode acontecer de diversas maneiras: pela troca de e-mails entre leitores e jornalistas, pela disponibilização da opinião dos usuários, como é feito em sites que abrigam fóruns de discussões, por meio de chats com jornalistas, etc. Machado ressalta que a interatividade ocorre também no âmbito da própria notícia, ou seja, a navegação pelo hipertexto também pode ser classificada como uma situação interativa. Para Manovich,[35] a nova mídia é essencialmente interativa, e o usuário pode interagir com a mídia ou com um objeto. O autor associa interatividade ao princípio do hipertexto.

[32] Todos os autores citados em Marcos Palacios, "Ruptura, continuidade e potencialização no jornalismo on-line: o lugar da memória", em Elias Machado & Marcos Palacios (orgs.), *Modelos de jornalismo digital* (Calandra, 2003), pp. 3-5, disponível em http://www.facom.ufba.br/jol/producao2003.htm. Acessado em 18 de setembro de 2006.

[33] Luciana Mielniczuk, *Jornalismo na Web: uma contribuição para o estudo do formato da notícia na escrita hipertextual*, cit.

[34] Janet H. Murray, *Hamlet no Holodeck: o futuro da narrativa do ciberespaço*, cit.

[35] Lev Manovich, *The Language of New Media* (Massachusetts: MIT Press, 2001).

[No Terra, o leitor pode enviar texto e fotos.]

- *Hipertextualidade* – Possibilita a interconexão de textos por meio de links. Canavilhas e Bardoel e Deuze chamam a atenção para a possibilidade de, a partir do texto noticioso, apontar-se links para várias pirâmides invertidas da notícia, bem como para outros textos complementares (fotos, sons, vídeos e animações), outros sites relacionados ao assunto, material de arquivo dos jornais, textos jornalísticos ou não que possam gerar polêmica em torno do assunto noticiado e ainda para a publicidade. Deuze divide os links em internos e externos e pondera para a ética ao inserir link externo em uma publicação.

[Links que conectam o texto.]

- *Personalização* – Também denominada individualização, a personalização, ou costumização, consiste na opção oferecida ao usuário para configurar ou receber os produtos jornalísticos de acordo com os seus interesses individuais. Há sites noticiosos que permitem a pré-seleção dos assuntos por meio de newsletter, newsalert, RSS, SMS e MMS, etc. Outros serviços de personalização são o blogging, no qual o internauta monta uma pasta com links de todos os blogs que deseja colecionar. O de.li.cio.us é uma espécie de bookmark on-line, em que são armazenados endereços de sites interessantes.

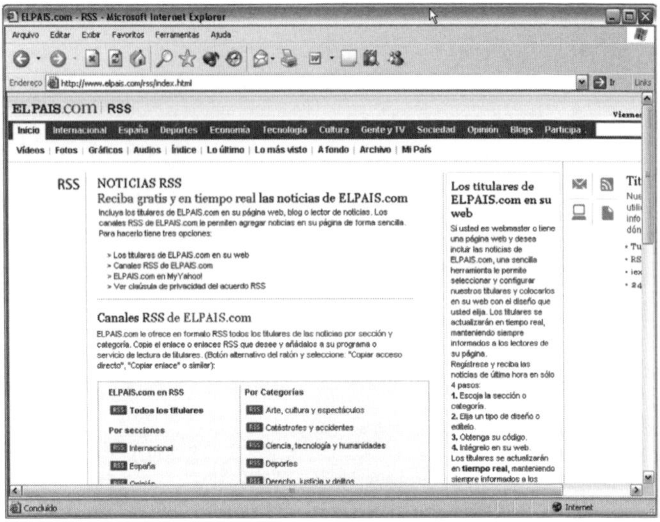

[RSS, novo formato de distribuição de notícias.]

- *Multimidialidade/Convergência* – Multimidialidade refere-se à convergência dos formatos das mídias tradicionais (imagem, texto e som) na narração do fato jornalístico. A convergência torna-se possível em função do processo de digitalização da informação e sua posterior circulação e/ou disponibilização em múltiplas plataformas e suportes, numa situação de agregação e complementaridade. São os chamados pacotes multimídia de McAdams,[36] que trazem em uma pequena tela material jornalístico editado, como, por exemplo, slideshow com áudio, infográficos animados, galeria de imagens, fotos randômicas, vídeos e textos, entre outros. Deuze define a multimidialidade como a combinação de informação oferecida

[36] Mindy McAdams, *Flash Journalism: How to Create Multimedia News Packages*, cit.

em diferentes formatos por uma ou mais empresas de comunicação.

[Pacote multimídia do El País sobre os atentados em 11 de março de 2004 na Espanha.]

- *Memória* – Palacios argumenta que a acumulação de informações é mais viável técnica e economicamente na Web do que em outras mídias. Na Web, a memória torna-se coletiva, por meio do processo de hiperligação entre os diversos nós que a compõe. Dessa maneira, o volume de informação anteriormente produzida e diretamente disponível ao usuário e ao produtor da notícia cresce exponencialmente no jornalismo digital, o que produz efeitos quanto à produção e recepção da informação jornalística. O usuário pode acompanhar a informação passo a passo e gravá-la, pode repetir a apresentação imediatamente ou pode assisti-la quando quiser.

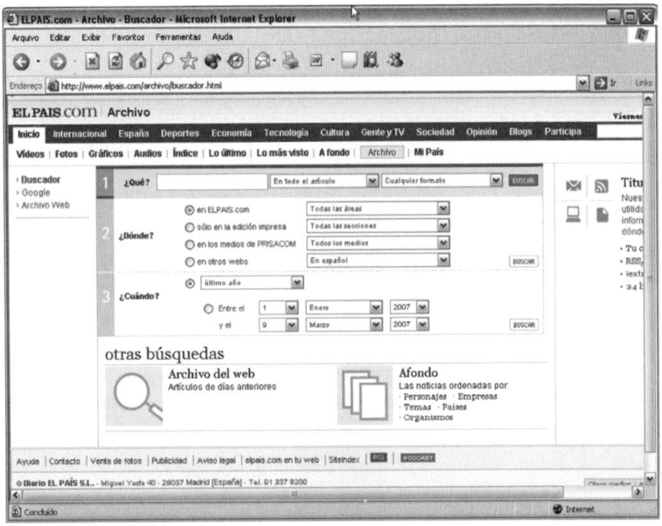

[O jornal El País *oferece busca por texto, áudio, vídeo, infografia digital, além de pesquisa na versão impressa.]*

- *Instantaneidade/Atualização contínua* – Rádio, TV e impresso têm processos de produção do noticiário diferenciados do ritmo do jornalismo praticado na Web. Na mídia impressa, por exemplo, o leitor tem de esperar até o dia seguinte para saber as novidades; no rádio e na TV, é preciso seguir as grades de programação. Na Internet não há essa delimitação de temporalidade. A notícia é publicada após ter sido devidamente apurada. Em alguns casos, publica-se uma linha apenas, e ao longo do dia o conteúdo é atualizado ou complementado. Noci[37] afirma que a informação atualizada é cada vez mais importante nos meios digitais,

[37] Javier Díaz Noci, *La escritura digital: Hipertexto y construcción del discurso informativo en el periodismo eletrónico* (Bilbao: Universidade del Pais Basco, 2000).

tanto que os destaques das home pages e dos canais internos dos portais noticiosos são editados com as últimas notícias, obviamente tendo em vista os critérios de noticiabilidade. Na Web, o planejamento da pauta ocorre apenas em casos de matérias especiais, ao contrário do que ocorre na mídia impressa, por exemplo. O foco é a apuração, redação, edição, distribuição e circulação dos chamados *hard news*.

[Transmissão automatizada de jogo de futebol do portal iG.]

- *Imersão* – Murray[38] diz que a experiência de ser transportado para um lugar primorosamente simulado é por si só prazerosa, independente do conteúdo da fantasia. A autora refere-se a essa experiência como imersão. Imersão é

[38] Janet H. Murray, *Hamlet no Holodeck: O futuro da narrativa do ciberespaço*, cit.

um termo metafórico derivado da experiência física de estar submerso na água. A sensação de estar envolvido por uma realidade completamente estranha (essa ação é pungente em games como os MUDs, por exemplo) está relacionada à psicologia. Até mesmo o programa de computador serve como um narrador da história, publicando diálogos dos jogadores em seus monitores e apresentando entradas, saídas, descrições e alguns acontecimentos.

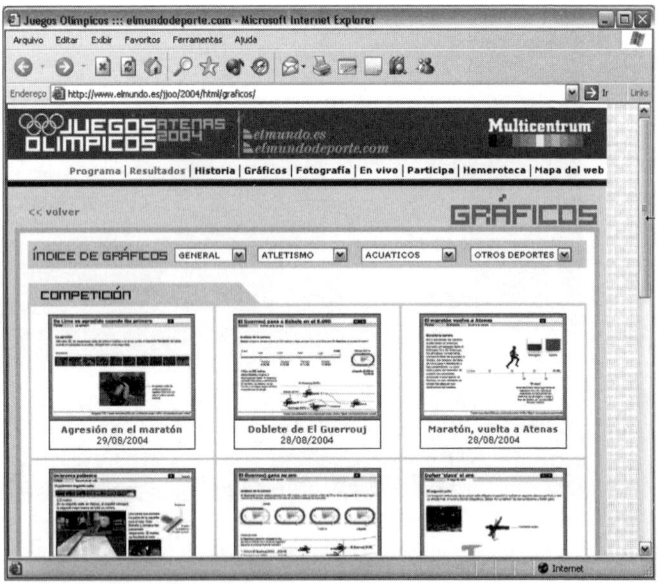

[Infográficos animados do jornal espanhol El Mundo.]

- *Conteúdo dinâmico* – O conteúdo dinâmido engloba todas as características descritas anteriormente. A atualização contínua das matérias, dos canais e da home page, o investimento em produtos interativos – enquetes, fóruns de discussão, blogs, e-mail, narrativas multimídia, games, mapas, comentários em matérias, descentralização do conteúdo e uso de fotos randômicas dão aos portais e sites noticiosos o dinamismo, que faz parte da lógica de jornalismo digital.

[Portal G1, das Organizações Globo, com mais de um template de home e destaques rotativos editados ao longo do dia.]

As oito características apresentadas complementam uma discussão sobre as promessas e as realidades do jornalismo digital dez anos depois de ele ter se consolidado no mundo. A pesquisadora Nora Paul[39] fez um balanço em 2005 da última década e causou polêmica ao afirmar que algumas expectativas não se confirmaram, como veremos no próximo tópico.

[39] Nora Paul é diretora do Instituto de Estudos para Novas Mídias da Universidade de Minnesota, Estados Unidos.

Promessas e realidades

Em 1995, o seminário Novos Produtos Noticiosos, realizado no Poynter Institute, reuniu 17 estudiosos para discutir a produção da notícia na Web. Nora selecionou oito grandes previsões e, na opinião da autora, na maioria dos itens selecionados, as expectativas não se confirmaram em 2005. A realidade ficou aquém do previsto naquele ano, sobretudo ao que se refere à construção de uma narrativa on-line – apesar das ferramentas diponíveis atualmente.[40]

As avaliações e as referências estão relacionadas ao desempenho dos veículos de comunicação na migração do ambiente analógico para a Internet. Mas a autora não inclui os blogs em seus comentários. Em uma rápida pesquisa um ano depois da publicação do balanço de Nora, foi possível constatar alguns avanços apresentados a seguir.

Leia a seguir as previsões de Nora Paul em 1995 e o que, de fato, se concretizou:

1. A Internet permitiria publicar um número infinito de notícias, algo impossível na imprensa tradicional nos anos 1990.
2. Haveria uma demanda inesgotável por informações de profundidade por parte dos usuários da Web.
3. O uso do hiperlink permitiria saltar de uma notícia para outra entre diferentes publicações.

[40] Para saber mais, ver http://www.ojr.org/ojr/stories/050324paul. Acessado em 18 de setembro de 2006.

4. A informação jornalística deixaria de ser unidirecional para ter ida e volta. O usuário poderia participar da produção da notícia mais ativamente, não se restringiria apenas a enviar e-mails. Também poderia comentar as matérias.
5. A produção de notícias jornalísticas seria um processo cada vez mais transparente. Repórteres e fotógrafos poderiam deixar os leitores informados sobre os métodos de apuração da matéria.
6. A popularização da Internet geraria uma nova estrutura narrativa apoiada na não-linearidade, na convergência de mídias e no abandono da pirâmide invertida com técnica para montar textos jornalísticos.
7. A notícia na Web não morreria no dia seguinte e teria uma duração praticamente ilimitada.
8. Novos softwares permitiriam uma narrativa com a integração entre palavras, texto e imagens, o que facilitaria a criação de pacotes multimídia e daria agilidade à produção noticiosa.

O cenário dez anos depois, segundo Nora Paul

- Os textos publicados na rede seguem a lógica da edição do impresso sem nenhum tratamento que leve em conta as características do jornalismo digital.
- A Web se tornou um serviço de alerta de notícias. Os leitores não se aprofundam. O Google, por exemplo, hierarquiza as notícias por ordem de atualização em seu Google News.
- Sites noticiosos não fazem links externos por dois motivos: a) não querem mandar seus usuários a outros sites, principalmete aos concorrentes; b) têm de checar a credibilidade do conteúdo a ser linkado. Os jornais digi-

tais "linkam" o conteúdo a matérias publicadas no próprio site jornalístico, os chamados links relacionados.

- O *New York Times* e o *Washington Post* oferecem esse serviço de envio de e-mail e de comentário de matérias. Já o *USA Today* e o *Star Tribune* não o fazem. Poucos repórteres disponibilizam e-mail para contatar usuários.
- O áudio e a imagem ajudaram o repórter e o fotógrafo a contar como a história foi produzida.
- A pirâmide invertida continua a ser o formato dominante nas narrativas da Web, mas pondera que os blogs e os fóruns oferecem possibilidades de narrativas que aproximam o usuário do repórter. Segundo Murray, os blogs podem trazer uma nova forma de narrativa.
- A Web teria um imenso potencial de arquivo e as notícias poderiam ser complementadas e atualizadas. Alguns sites produzem conteúdo tendo em vista característica de memória que a Web oferece e também mantêm as atualizações dos assuntos. São como os especiais da mídia tradicional, só que são atualizados e podem ser arquivados.
- Apesar do crescimento do uso de programas como o Flash, da Adobe, a criação de pacotes multimídia ainda é escasso.

Os avanços em 2006

- Estão disponíveis na Internet milhares de informações sobre os mais variados temas. Não há limite de tempo ou espaço para a publicação de conteúdo na rede. A Web rompeu esse conceito. É possível publicar notícias do tamanho da curiosidade de qualquer leitor. Estima-se que haja na rede 16 trilhoes de páginas, quatrocentas vezes mais que os 40 bilhões indexados pelos site de busca.

- Há uma grande demanda por informações na rede. Os sites de notícias contabilizaram 320,8 milhões de visitantes únicos durante o mês de junho de 2006, segundo a empresa de pesquisa comScore Media Metrix. As páginas jornalísticas detiveram 45% da audiência global da Web no período. No Brasil, segundo o Ibope/NetRatings, que mede o acesso entre internautas residenciais, a audiência única dos sites de notícia subiu 28,5% entre junho de 2005 e o mesmo mês de 2006. A penetração de sites noticiosos na Internet residencial brasileira passou de 41,6% para 46%, praticamente empatando com a penetração residencial americana. Pesquisa recente do Instituto Pew Center mostra que o aumento da banda larga nos Estados Unidos contribuiu para o crescimento da audiência nos sites noticiosos. De acordo com o estudo, a Internet é a fonte primária de informações para quem tem banda larga.[41]
- O hiperlink externo é usado em portais brasileiros como UOL (Universo On-line), iG (Internet Group) e Terra, que destacam links de parceiros de conteúdo como Reuters, Associated Press, BBC e France Presse, entre outros. No caso da BBC, por exemplo, o contrato permite a publicação de apenas uma parte da notícia. Para ler a íntegra do texto, é preciso visitar o site da rede inglesa de notícias.[42] Em suas páginas, a BBC também inclui link externo sobre fontes que usou em suas reportagens. O colunista Nelson de Sá, da *Folha de S.Paulo*, aponta links

---

[41] A íntegra da pesquisa está disponível em http://www.pewinternet.org. Acessado em 8 de setembro de 2006.

[42] Ver *Último Segundo BBC*, disponível em http://ultimosegundo.ig.com.br/bbc/index.shtml. Acessado em 8 de setembro de 2006.

em sua coluna "Toda mídia" para jornais como *Wall Street Journal*, *Clarin*, *Financial Times*, *Jornal Nacional*, *O Estado de S. Paulo*, o blog do jornalista Ricardo Noblat, no *Estadão*, e a revista *The Economist*, entre outros.[43]

- Em 2006 principais sites brasileiros aumentaram espaço para o usuário enviar textos, imagens, áudio, vídeo, comentar notícias e comunicar erros. O aumento da participação na produção de conteúdo para a Web cresceu com a proliferação dos blogs e sites como o IMC, Digg, Wikipedia, Ohmynews, Qué! Diário, por exemplo. No Brasil, iG, Terra e O Globo criaram áreas de descentralização de conteúdo.
- Sites noticiosos alcançaram a mesma credibilidade da mídia tradicional, mas ainda não a superaram. A participação dos usuários é importante neste processo. A interatividade permite que um erro detectado seja enviado à redação em minutos. A maioria dos sites oferece a possibiliade de o usuário enviar mensagens apontando incoerências nos textos. O Relatório State of Media de 2006 do Journalism.org mostra que os usuários crêem em sites ligados à grande imprensa. Ao que se refere à transparência e a mostrar de que modo uma reportagem foi construída, a mídia tradicional já faz em alguns casos. Jornais e tevês, por exemplo, apontam ao leitor o caminho que percorreram para chegar a uma informação. Em 2005, a Globo fez uma reportagem na qual mostrava fraudes no Bolsa Família, programa de combate à pobreza do governo federal. A apuração incial e o cruza-

[43] A coluna do jornalista Nelson de Sá está disponível em http://www.uol.folha.com.br. Acessado em 8 de setembro de 2006.

mento de dados foram feitos pela Internet, e o repórter mostrou os sites em que navegou para avançar na matéria. Estão disponíveis na rede também informações sobre os políticos brasileiros no site Transparência Brasil.[44] Outro site, o Conselho de Controle de Atividades Financeiras (Coaf)[45] identifica suspeitas de lavagem de dinheiro. Há ainda o Contas Abertas,[46] que monitora o gasto do dinheiro público.

- Os textos na Web ainda têm uma forte influência da mídia tradicional. A idéia de que a pirâmide invertida acabaria na Web não se concretizou. A fórmula é indispensável na Web, dada a velocidade com que os fatos chegam e a atualização das notícias. Na realidade, o que muda na Web é a edição do conteúdo, e não o texto. Atualmente podemos pensar em pacotes multimídia[47] se o assunto justificar. É possível, por exemplo, reportar as principais informações de um fato por meio de infográficos animados, como os atentados ocorridos em Madri e em Londres, em 2004 e 2005[48] respectivamente.[49] Em um primeiro momento, podem-se misturar texto e animação na pirâmide invertida. Para isso, porém, é necessário que haja equipe de pro-

---

[44] Ver em http://perfil.transparencia.org.br. Acessado em 8 de setembro de 2006.

[45] Ver em http://www.fazenda.gov.br/coaf. Acessado em 8 de setembro de 2006.

[46] Ver em http://contasabertas.uol.com.br/asp. Acessado em 8 de setembro de 2006.

[47] Para saber mais sobre especiais on-line, visite http://www.elpais.es/afondo.html e http://www.elmundo.es/graficos/multimedia/index.html. Acessado em 8 de setembro de 2006.

[48] Ver http://www.elmundo.es/documentos/2005/07/internacional/atentados_londres/graficos/index.html. Acessado em 8 de setembro de 2006.

[49] Ver http://www.elmundo.es/documentos/2004/03/espana/atentados11m. Acessado em 8 de setembro de 2006.

fissionais especializados em edição multimídia, com agilidade para elaborar o gráfico. O trabalho na redação Web é resultado de um planejamento feito por jornalista, técnico e designer;

- A Web tem um imenso potencial de arquivo e as notícias podem ser complementadas e atualizadas. Alguns sites produzem conteúdo tendo em vista a característica de memória e também mantêm a continuidade dos assuntos. São como os especiais da mídia tradicional, só que são atualizados e podem ser arquivados. Em alguns casos é difícil encontrar projetos de dois, três anos atrás porque os endereços (as URLs) mudam e os produtores de conteúdo não fazem a migração para a nova URL.
- A criação de pacotes multimídia é escassa no Brasil, mas nos Estados Unidos e na Europa, por exemplo, há avanços nesse sentido. Há algumas experiências isoladas em portais como Estadão e Terra. Os jornais espanhóis *El Mundo* e *El País*, por exemplo, têm uma equipe de profissionais especializados em produzir conteúdo multimídia. Os americanos *Washington Post* e *Star Tribune* também têm profissionais aptos a criar narrativas digitais. A CBS, o MSNBC e a Agência France Presse apostam em conteúdo dinâmico para atrair usuários.[50] Os pacotes multimídia serão detalhados no próximo capítulo (ver p. 145).

[50] Ver Mindy McAdams. *Flash Journalism: How to Create Multimedia News Packages*, cit., pp. 297-435.

A narrativa digital

Como foi visto anteriormente, o início da era da informação digital começou nos Estados Unidos, no final dos anos 1980. Na época, a transposição da produção jornalística para a Internet estava resumida aos serviços de notícias personalizadas oferecidos por provedores como a America On-line. Mas o primeiro grande jornal a disponibilizar serviços on-line foi *The New York Times*, em meados dos anos 1970, com seu New York Times Information Bank.

No Brasil, as primeiras experiências com jornalismo digital ocorreram a partir de iniciativas isoladas como as do Grupo O Estado de S. Paulo. O primeiro jornal brasileiro a fazer uma cobertura completa no espaço virtual foi o *Jornal do Brasil*, em 28 de maio de 1995.

O avanço do jornalismo na Internet propiciou novas formas de editar notícias na rede e criou os seguintes impactos[1] nos grupos de comunicação: 1) sobre como os jornalistas fazem seu trabalho; 2) sobre o conteúdo noticioso; 3) nas redações e nas estruturas industriais; 4) na relação entre as organizações de notícias e seus públicos; e 5) sobre a ética, ou seja, o sentido de responsabilidade no jornalismo se amplifica e deve ser levado à risca.

Desde então, foram testados diversos modelos de edição de conteúdos até alcançar algumas das principais características do novo ambiente, segundo defendem Palacios, Moherdaui, Pavlick, Deuze e Murray: conteúdo dinâmico, atualização constante, memória, interatividade, hipertextualidade, multimidialidade, personalização e imersão.

Esses modelos foram classificados em quatro fases, conforme já foi discutido anteriormente. Os recursos multimídia disponíveis conduzem a um novo planejamento da redação jornalística. O desafio é organizar e apresentar de forma atraente o conteúdo. As mídias que carregam megadoses de informação têm de construir caminhos eficientes para facilitar o acesso dos usuáros aos bancos de dados.[2] Na realidade, o formato da pirâmide invertida, cuja origem remonta aos gregos, há mais de dois mil anos,[3] continua a ser importante na construção da informação digital. O que muda é a relação com seu entorno, a edição – a notícia na Internet pode ser mais bem contextualizada.

---

[1] John Pavlick, *Journalism Tools for the Digital Age*, cit.

[2] Cf. entrevista com o ex-editor da revista *Veja*, Alexandre Secco, cit., p. 265.

[3] Jorge Pedro Sousa, *Tobias Peucer: progenitor da teoria do jornalismo*, disponível em http://www.bocc.ubi.pt. Acessado em 18 de setembro de 2006.

É possível explorar as relações com o passado oferecendo informações de fundo ou links com reportagens sobre o mesmo tema.[4]

O ponto de partida, conforme Murray,[5] é levar em conta que o computador é um meio expressivo capaz de ampliar a nossa capacidade de relatar fatos e como tal torna possível a criação de narrativas multiformes ou multisseqüenciais: "O computador parece cada dia mais com a câmera de cinema da década de 1890: uma invenção verdadeiramente revolucionária que a humanidade está prestes a colocar em uso como um fascinante contador de histórias". A autora sugere inventar múltiplas formas para os textos lineares que forçam as fronteiras de um meio pré-digital como uma figura bidimensional tentando escapar de sua moldura anterior.

O jornalismo on-line não tem periodicidade, a sua dinâmica é determinada pelos acontecimentos que merecem ser noticiados. "Ele também não tem restrições de tempo e de espaço. Outra característica importante é que o jornalismo on-line permite uma multiplicidade de linguagens."[6]

O tratamento dado às informações pelos computadores não se restringe apenas a números e textos, como era feito até os anos 1970. Atualmente, como observa o sociólogo francês Pierre Lévy, é mais correto falar em informações ou em mensagens multimodais, que colocam em jogo diversas modalidades sensoriais, como visão, audição, tato e sensações proprioceptivas.

[4] Cf. entrevista com a então editora de informática da *Folha de S.Paulo*, Maria Ercília, cit., p. 71.

[5] Janet H. Murray, *Hamlet no Holodeck: o futuro da narrativa do ciberespaço*, cit.

[6] Ver entrevista com o presidente de conteúdo do provedor de acesso gratuito Internet Grátis, Matinas Suzuki Jr., no Anexo, p. 261.

Quando se fala em narrativas digitais, surgem diversas fórmulas ou classificações para defini-las. Principalmente a idéia de abandonar a pirâmide invertida, conforme sugeriu Roger Black em seu *Websites que funcionam*,[7] e contar histórias de modo não-linear. Ora, se uma das características da notícia é a atualização constante e a continuidade (o que chamamos na imprensa tradicional de suíte ou desdobramento de um fato), o uso da fórmula do lead se faz necessário, conforme defendem Nielsen, Armentia e Alves.[8]

Sobretudo porque a lógica da produção ou da construção da notícia na rede pode começar com apenas uma linha de informação (obviamente, devidamente checada), que é acrescentada ao longo do dia até se formar um texto consolidado. Esse tipo de redação ocorre muito em caso de acidentes, catástrofes, apuração de eleições, votação de medidas no Congresso, entre outros. Um exemplo de uso freqüente é o hard news nas coberturas ao vivo de jogos de futebol, do carnaval ou de depoimentos importantes.

O professor da Universidade do Texas Rosental Calmon Alves confirma a importância da pirâmide invertida:

> Sou um defensor da pirâmide invertida. Ir direto ao ponto, numa redação de estilo conciso, só ajuda a comunicação num meio nervoso e interativo como a Web, especialmente ao se tratar de hard news, das notícias de última hora que

---

[7] Roger Black, *Websites que funcionam* (São Paulo: Quark, 1997).

[8] Jacob Nielsen, "Inverted Pyramids in Cyberspace", disponível em http://www.useit.com/alertbox/9606.html. Acessado em 14 de novembro de 2006; José Ignacio Armentia *et al.*, "La información en la prensa digital: redacción, diseño y hábitos de lectura", disponível em http://www.ehu.es/zer/ser8/8armentia9.html. Acessado em 18 de setembro de 2006; Rosental Calmon Alves, "Uma linguagem em construção", disponível em http://observatorio.ultimosegundo.ig.com.br/artigos.asp?cod=311eno002. Acessado em 14 de novembro de 2006.

são o forte do jornalismo on-line na fase atual. As pesquisas mostram que o horário nobre do jornalismo on-line é justamente durante o expediente de trabalho e que as pessoas consultam os sites jornalísticos muitas vezes ao dia. Essas pessoas parecem buscar uma forma de se informarem de maneira rápida e direta sobre o que acaba de acontecer ou está acontecendo no mundo. Não há nenhuma surpresa ao ver que a pirâmide invertida, o estilo tradicional de redação originário da era do telégrafo, ainda encontre um lugar ao sol hoje em dia, na era digital. E o mais interessante e que não é apenas nos sites de notícias. Desde junho de 1996, Jakob Nielsen, um engenheiro que se tornou o guru da usabilidade na Internet, defende o uso da pirâmide invertida como a forma mais eficiente de se redigir na Web em geral, mesmo em sites não jornalísticos.[9]

Murray[10] defende histórias multiformes, multisseqüenciais. A autora afirma que o formato do conteúdo deve levar em conta seu propósito. Planejamos notícias, ficção, games? "Os jogos precisam mesmo de um vocabulário crítico distinto da terminologia narrativa", escreve.

Percebi ser útil evitar o termo não-linear e substituí-lo por multisseqüencial e multiforme, como expressões para compreender os novos formatos narrativos. Histórias multisseqüenciais proporciona ao interator [Murray chama o usuário que acessa notícias de interator] navegar por um arranjo fixo de eventos de diferentes maneiras, todas elas bem definidas e significativas. O sentido mais profundo da obra emerge da compreensão desses caminhos entrecruzados, como na narrativa de um caso amoroso contada a partir de dois pontos de vista que se encontram. Uma história multiforme é aquela na qual múltiplas versões podem ser geradas a partir da mesma representação fundamental, como num jogo que pode ser repetido de modos diversos, ou num sistema narrativo como o

[9] Rosental Calmon Alves, "Uma linguagem em construção", cit.

[10] Janet H. Murray, *Hamlet no Holodeck: o futuro da narrativa do ciberespaço*, cit.

The Sims, que pode oferecer muitas versões, sendo que cada uma delas terá suas próprias peculiaridades de eventos e caracteres. Histórias complexas podem ajudar-nos a perceber causas complexas de acontecimentos complexos, assim como imaginar diferentes desfechos para uma mesma situação.[11]

Tendo em vista as definições anteriores, a produção e a edição jornalísticas na rede podem ser divididas em: a) texto multilinear (o que Palacios chama de histórias multilineares o acesso hipertextual à informação); b) reportagem multiforme (que segundo Murray compreende novos formatos narrativos); e c) pacote multimídia (de acordo com McAdams, reúne todos os elementos multimídia em um template em formato flash).[12]

O texto multilinear na Web engloba a maioria dos gêneros jornalísticos, com exceção da reportagem especial, denominada multiforme. A notícia hipertextual (que pode ser uma nota curta) é um exemplo disso. Tem o formato da pirâmide invertida e pode conter links para recursos multimídia, não necessariamente todos. Já as reportagens multiformes são pensadas tendo em vista o uso de imagens, áudio, vídeo, fotos randômicas, galeria de imagens e slideshows com áudio, entre outros. Podem compor uma página noticiosa: blogs, fotoblogs, moblogs (blogs em celulares); comentário em matérias e em blogs; e-mail; RSS; enquetes; fóruns de discussão; mapas; índices; assuntos relacionados; op-

---

[11] *Ibid.*, p. 11.

[12] Flash é um programa gráfico utilizado para se criar animações interativas, desenvolvido e comercializado pela Macromedia (empresa especializada em desenvolver softwares que auxiliam o processo de criação de páginas Web). Recentemente, a Macromedia foi adquirida pela Adobe System, fabricante de programas conhecidos, como o Photoshop, por exemplo. Os arquivos executáveis gerados pelo Flash, chamados Shockwave Flash File (SWF), podem ser visualizados usando um navegador Web ou utilizando-se o Flash Player.

ções de imprimir o texto, de recomendar artigo, de comunicar erros, de inserir como favoritos, de transformar em página inicial; dispor busca interna e externa por texto, áudio, vídeo e fotos; exibir links externos, matérias mais lidas, mais buscadas ou mais indicadas. Também podem ser disponibilizados SMS, MMS, newsalert, newsletter, boletins de áudio ou de vídeo ou Podcast.

É importante ter em mente que, apesar de as notas, notícias e os comentários serem mais freqüentes na Web, podem ser explorados a partir das características do jornalismo digital, as categorias informativa, entretenimento, investigativa e diversional (engloba textos que, fincados no real, procuram dar uma aparência romanesca aos fatos e aos personagens captados pelo repórter – semelhante ao *new journalism*), do qual fazem parte os gêneros nota, notícia, reportagem, entrevista, perfil, comentário, artigo, editorial, crítica, crônica, resenha, caricatura, carta de leitores, além do gênero dialógico (chats, programas de comunicação simultânea, e-mail, listas de discussão, comentários em matérias, postagens de informações e comentários em blogs, entre outros).

Em geral, aqueles gêneros complementam reportagens multiformes ou pacotes multimídia na rede mundial de computadores. Por isso a opção pela divisão entre as narrativas. Isso não inclui criação de games ou ficção. A proposta deste trabalho é apresentar sugestões de edição em textos jornalísticos. Elementos como charadas, palavras cruzadas, histórias em quadrinhos, programas humorísticos, que aparecem no rádio e na TV e que estão presentes na Web, como as Charges UOL, por mais que se articulem com a atualidade, não constituem matérias jornalísticas, na definição de José Marques de Melo,[13] mas podem complementar o conteúdo.

[13] José Marques Melo, *Jornalismo opinativo* (São Paulo: Mantiqueira, 2003), pp. 61-66.

Research Tools | Backgrounders

World / Business / Finance & Economics /

Science & Technology / People /

Brazil's politics

Sep 1st 2006

From Economist.com

Printable page

E-mail this

Brazil's 2002 presidential election was won by Luiz Inácio Lula da Silva, a left-wing populist from the Workers' Party (PT). He got off to an impressive start, averting another financial crisis and instituting orthodox economic policies that have spurred growth. But problems on other fronts have caused him political difficulty.

In a sign that corruption is still pervasive in Brazilian politics, Lula's party was accused in June 2005 of paying members of his ill-tempered congressional coalition for their support. The scandal (not the first for the PT) left the president politically wounded and his party searching for an identity.

Nevertheless, polls now show that Brazilians are prepared to overlook the PT's misdeeds and re-elect Lula in next October's presidential election, in which he will face Geraldo Alckmin. This suggests that Lula got two big things right during his first term: the economy and poverty alleviation.

(See also our Country Briefing on Brazil)

[Exemplo de texto multilinear da *Economist* (www.economist.com). *]*

The Battle Over Immigration

The Washington Post's coverage of the immigration issue, from the politics of revising the nation' immigration laws to the impact of illegal immigration on the U.S.-Mexico border and the Washington region.

The Washington Region

Photos

Targeting Afghan Youth

Zeba, a new magazine aimed at members of the Afghan community in the U.S., is seeking a way to be edgy enough to attract young readers without alienating more traditional Muslim elders.

- Afghans Who Fled Conflict Face Cultural Divide in U.S.
- Special Report: The D.C. Region

Area Immigrants Top 1 Million

Last year, one in five people in metropolitan Washington were immigrants, compared with one in six in 2000. And the immigrants who have flocked here are better educated than elsewhere.

- Immigrants From Around the

The Political Debate

In Porous Border, GOP Sees An Opening

There is little doubt a hard line against illegal immigration is the safer position in a GOP primary, but many Republicans believe it is the safer position in a general election.

- Immigration Plan Gets a Boost

Pa. City Puts Illegal Immigrants on Notice

The mayor of Hazleton, Pa., ups the ante in the immigration wars after signing a tough new law against illegal immigrants in the city.

Immigrant Rights Groups Split Over Senate Bill

A growing number of liberal immigrant rights advocates critical of the Senate measure say they prefer that Congress not enact an immigration law this year.

The Border and Beyond

Young Migrants Risk All to Reach U.S.

More children appear to be setting out on their own from Central America, as an increasing number of them are caught trying to sneak illegally through Mexico and across the U.S. border.

- Meeting Danger Well South of the Border
- Photos: Journey to the Border

Graphic

Manning the Border

How Border Patrol personnel are distributed along the southern U.S. border.

- Corridors and Barriers (PDF)

Photos

Life Along 'La Linea'

[Exemplo de reportagem multimídia do *Washington Post* (www.washingpost.com).]

[Pacote multimídia do *El Pais* sobre os atentados em Madri (www.elpais.es).]

Se tomarmos a palavra texto em seu sentido mais amplo (que não exclui sons nem imagens), os hiperdocumentos também podem ser chamados de hipertextos. A abordagem mais simples do hipertexto é descrevê-lo como um texto estruturado em rede, em oposição a um texto linear. O hipertexto é constituído por "nós" (elementos de informação, parágrafos, páginas, imagens, seqüências musicais, etc.) e elos entre esses nós – referências, notas, ponteiros, "botões indicando a passagem de um nó a outro".[14]

É certo que não se deve considerar somente o hipertexto como recurso disponível para produzir informações para a rede. Redatores necessitam de um processo, estejam eles criando matérias para impressão, radiodifusão ou distribuição on-line. Em qualquer meio, tal processo envolve planejamento, pesquisa, organização, escrita e reescrita. Conteúdo produzido para a Web requer alguns elementos próprios à escrita digital. É preci-

[14] *Ibid.*, pp. 55-56.

so uma equipe com redator, editor e grupo técnico – incluindo um especialista em multimídia.

O jornalista Luciano Martins tem um raciocínio interessante sobre o assunto:

> Devemos descrever as notícias de maneira não linear e com todos os meios disponíveis/adequados. [...] Se tivermos uma história sobre um conflito entre um grupo de sem-terra e policiais, é muito mais informativo que coloquemos junto com o texto alguns registros sonoros que ajudem a entender a extensão e tensão presente na história. Se dispusermos de imagens, claro que elas irão enriquecer a reportagem, mas tudo deve ser usado com bom senso e de forma complementar, para que cada usuário faça sua escolha.[15]

Martins vai ainda mais longe, dizendo que é preciso ter repórteres que se habituem a pensar de maneira abrangente, que também saibam trabalhar em parceria com o técnico e o designer.

> O importante, como ressalta o jornalista e escritor Gabriel García Márquez, é saber contar bem a história. Ele quer dizer que cada fato impõe seu próprio estilo e eu acrescento que, no caso da Internet, cada história a ser contada impõe também o recurso tecnológico mais adequado. Precisamos ter repórteres que se habituem a pensar de maneira abrangente, multimídia, e que saibam trabalhar em parceria com o desenhista do ambiente onde a história vai ser exibida e com o técnico que vai operar os recursos de edição e exibição.[16]

Dessa parceria é possível criar os pacotes multimídia,[17] que têm possibilidades infinitas de edição dos gêneros jornalísticos.

---

[15] Ver entrevista com o jornalista Luciano Martins, no Anexo, p. 264.

[16] *Ibidem*.

[17] Para saber mais sobre pacotes multimídia, ver Mindy McAdams, *Flash Journalism. How to Create Multimedia News Packages*, cit., pp. 297-435.

Em alguns casos, como especiais de urgência – sobre guerras, catástrofes, obituários –, deve haver um esquema de atualização manual ou automática. Um exemplo são os especiais sobre a guerra do Líbano (2006), os atentados em Madri (2004), em Londres (2005) ou aos Estados Unidos (2001) feitos por jornais como os espanhóis *El Mundo* (http://www.elmundo.es/graficos/multimedia/index.html.) e *El País* (http://www.elpais.es/afondo.html) ou o site MSNBC (http://www.msnbc.msn.com/id/4999736), as redes CNN (http://edition.cnn.com/SPECIALS) e BBC (http://news.bbc.co.uk/2/hi/in_depth/default.stm), os jornais americanos *The Washington Post* (http://www.washingtonpost.com/wp-dyn/content/photo/?nav=globetop) e *The New York Times* (http://nytimes.com/pages/multimedia/index.html) e as revistas *Time* (http://www.time.com/time/special) e *Newsweek* (http:/ /www.msnbc.msn.com/id/3037951/site/newsweek), *The Guardian* (http://www.guardian.co.uk/interactive/0,,192055,00.html).

Um pacote multimídia sobre a guerra no Líbano, por exemplo, pode ter as últimas notícias, a cronologia, a causa do conflito, o perfil dos países envolvidos, o número de mortos, bem como mapas, histórico sobre o processo de paz, perfis dos protagonistas da crise, links externos, galeria de imagens, vídeos, áudios e infográficos animados.

Uma página de reportagem especial deve ser planejada tendo em vista a pauta, os tipos de recurso utilizados e avaliar a possibilidade de patrocínios, como ocorre em eventos como Copa do Mundo, Carnaval e Oscar, entre outros. Uma cobertura de um show pode ser publicada sob a forma de slideshow com áudio da narração do crítico de música. O lançamento de um disco ou DVD pode ser editado da mesma forma. Um especial sobre desfile de moda, por exemplo, pode ser criado em uma tela na qual haja notícias do desfile, galeria de imagens, comentários de especialistas, vídeos dos desfiles, entrevistas com celebridades e modelos.

A ex-editora do jornal espanhol *El País* on-line Inmaculada Moretón explica como deve ser a produção jornalística na Web:

> O editor de textos para a Web deve compreender o meio para o qual ele escreve e estar familiarizado com todas as possibilidades que a Internet oferece. Criar um guia de estilo para a Web. Isso é imprescindível para dar unidade ao produto que se oferece como, por exemplo, tratar o leitor de 'você', a tipografia (tamanhos e fontes) e o design da página, entre outros. Definir a audiência do site e estar preparado para escrever corretamente para uma audiência internacional. O leitor de nosso informativo é universal já que pode acessar a rede de qualquer lugar do planeta, o tratamento dado à informação deve ser aberto. Definir claramente os meios de acesso às noticias que oferece em suas páginas. Estrutura e design. O leitor deve encontrar com facilidade os conteúdos que procura quando se conecta à nossa página. E muito importante não frustrar as expectativas do internauta. Um usuário insatisfeito é um leitor que não voltará mais à nossa página. A premissa da atualização periódica é essencial para o trabalho na Internet. Uma página que não se atualiza é uma página morta. O trabalho se estende a vários planos. Escrever para o papel já é muito complexo, mas, para escrever para a Web, é preciso estar atento a diversos aspectos. O texto deve ser correto, as imagens têm de ter uma boa definição, os links devem funcionar e a página não deve pesar mais que o estritamente necessário. Há que se levar em conta as diferenças entre escrever para o papel e para a Internet: extensão dos textos (a leitura é feita pela tela do computador), uso de datas (hoje, amanhã, etc.), títulos informativos incompletos (às vezes, é preciso de submanchete, subtítulo, imagens, que no papel contextualizam a informação de uma manchete).[18]

[18] Cf. entrevista com a ex-editora de *El País* on-line, Inmaculada Moretón, no "Anexo", p. 260.

Outro aspecto interessante da produção jornalística no ciberespaço é o tratamento dado à cobertura feita pela *Veja Online*. O ex-editor do site Nilson Vargas explica como isso ocorre:

> Tentamos nos diferenciar pelo texto, pela amplitude da notícia, pela consulta a mais fontes, por um conjunto rico de links para reportagens de *Veja*, de outras publicações, sites especializados, etc. No noticiário diário, o conceito é de produzir em torno de quinze notícias por dia. *Grosso modo*, e guardadas as diferenças, a idéia é fazer uma *Veja* por dia. As quinze notícias devem ter o ecletismo temático que a edição semanal da *Veja* tem. Devem cobrir o essencial e abrir o leque para outros temas. A construção da notícia é a antítese do estilo *hotnews* de portais. Não queremos ser os primeiros nem "carimbar" presença em 100% dos fatos do dia. Mas queremos ser os mais completos naquilo que noticiarmos. As decisões sobre as notícias em que vamos investir no dia partem de um misto de planejamento e decisão tomada "no ato". Os profissionais que chegam pela manhã têm na máquina um "cardápio" preparado no final da noite anterior, com as notícias que provavelmente serão manchetes naquele dia. A partir daí é uma questão de jogar com esta parte previsível da pauta mais o que for aparecendo e se destacando. Vale dizer ainda que, como temos um volume menor de notícia a publicar, é possível estabelecer discussões entre quem está na redação sobre enfoques, prioridades, notícias mais e menos relevantes. Ampliações, links, etc. posteriores à publicação também podem ser melhor ponderadas. Outro aspecto que manejamos no nosso menu diário de notícia é a hierarquização das chamadas na home. Nossa lista de notícias não é feita à medida que elas são produzidas. Se julgarmos necessário, podemos manter no alto do site por um dia inteiro uma notícia feita pela manhã. Depende da relevância que julgarmos que a notícia tem para o internauta. Quem acessar nosso site agora poderá ver, por exemplo, notícias com data do dia anterior ocupando posição de destaque. Isso é mais uma prova de que não acreditamos neste nervoso conceito de efemeridade e volatilidade da notícia. Uma notícia produzida um ou

dois dias atrás pode ainda ser relevante e, por isso, ocupar um espaço de peso no site.[19]

Mas o furo de reportagem vai para o papel:

> A regra é: furo é para o papel. A revista é a grande marca, o grande produto. Apenas numa situação muito atípica (por exemplo, um furo cavado na terça-feira que pode sair no jornal do dia seguinte) é que se coloca em discussão a possibilidade de o site "furar" a revista. Mas foram raríssimos os casos em que isso aconteceu. Cito dois: os movimentos dos acionistas para vender o iG e a caçada que a polícia armou para capturar o juiz Nicolau no interior do Rio Grande do Sul.[20]

Para apresentar uma informação na Web, é preciso determinar como será a estrutura narrativa do assunto abordado (linear ou não-linear) e utilizar ferramentas que facilitem a navegação, para não confundir o usuário com excesso de links ou hipertextos.

O designer deve ter em mente, antes de tudo, a forma pela qual o usuário irá interagir com o site e qual será o seu passo seguinte. O design de websites envolve, em larga medida, facilitar a navegação do usuário por suas páginas e o estabelecimento de uma estrutura que permita ao usuário encontrar rapidamente aquilo de que precisa, conforme será explicado a seguir.[21]

Pauta

O planejamento da pauta para a publicação de textos no espaço virtual deve seguir um roteiro que resume as características

[19] Cf. entrevista com o editor da *Veja On-line*, Nilson Vargas, no "Anexo", p. 267.

[20] *Ibidem.*

[21] Steve Outing, *Os designers existem para ajudar e não atrapalhar*, disponível em http://www.uol.com.br/internet/parem.

da notícia hipertextual e dos pacotes multimídia apresentadas anteriormente. Um bom projeto de narrativa digital começa pela pauta, que deve responder às seguintes questões:[22]

- Qual o tamanho ideal do texto? Ele será construído a partir de blocos de textos? Ou ele terá uma matéria de 20 linhas (lauda do impresso) e ela será quebrada em links (retrancas) para facilidar a leitura?
- Como será desenhada a página de notícias?
- A notícia será hipertextual ou apenas terá elementos multimídia?
- Haverá cobertura ao vivo? Como ela será planejada?
- De que elementos a notícia será composta? Áudio, vídeo, slideshow em Flash (com áudio), galeria de imagens?
- O áudio de uma entrevista deve ser diferente do texto que a compõe?
- Se houver uma entrevista em chat, o usuário poderá participar como entrevistador? Como ela será editada?
- Se a narrativa for feita em slideshow com áudio, é preciso de um texto como complemento?
- Quem faz a narrativa do slideshow? O fotógrafo, o editor multimídia ou o repórter?
- A quantidade de fotos no slideshow deve ser calculada em função do tempo que dura a narração.

---

[22] A ampliação da pauta para a Web e o quadro da página 165 têm como ponto de partida os estudos inciais da professora Carol Rich em seu *Redação jornalística para a Web: um estudo para o Instituto Poynter de Estudos de Mídia*, trad. José Antônio Meira (Porto Alegre: Agência Experimental de Jornalismo da Unisinos, 1999).

- Em caso de construção de infográficos animados, deve ser adotado o conceito da atualização contínua ou a imagem deve ser criada após a redação obter todas as informações necessárias sobre o fato?
- Como será feita a edição desse material? Quem estará envolvido?
- Como será a chamada no canal interno da página? Uma chamada com fotos (ou áudio, vídeo, fotos randômicas), texto com cem palavras e links de background?
- A chamada dessa página terá títulos curtos, atraentes para convidar o usuário a clicar? Até 45 toques é o ideal para uma manchete de página na Web. Um título longo faz o usuário ficar no primeiro nível de navegação, ou seja, na home (portal ou canal).
- Esse planejamento pode ser adotado para outros gêneros, como reportagem, comentário, artigo, editorial, crítica, resenha ou perfil, entre outros? Podemos editar uma entrevista e acrescentar áudio e vídeo? Podemos oferecer a possibilidade de o usuário fazer podcasting?
- Como deve ser o planejamento de reportagens multiformes ou de pacotes multimídia? Será uma página, hot site ou uma janela que se abre em Flash?
- Haverá mapas, índices, cronologias, histórico dos fatos, arquivo referente ao tema tratado?
- Devem ser usados links externos?
- De que maneira o usuário irá participar? Enviando opiniões, textos, imagens, fotos, áudios ou sugestões de pautas?
- O conteúdo produzido pelo usuário ficará editado em uma área separada? Ou ele fará parte da edição completa?

- Quais os critérios de noticiabilidade usados para destacar o conteúdo na home page de um portal, já que as notícias são atualizadas ao longo do dia? Deve haver uma área desenhada para disponibilizar esse tipo de conteúdo?
- É preciso criar a página também para a impressão e, caso a URL seja alterada, é importante fazer o redirecionamento do endereço, caso contrário o trabalho desaparece da rede.
- Que elementos de interação devem constar em uma página Web – fotos randômicas, galeria de fotos, infográficos animados, áudio, vídeo, slideshow, assuntos e multimídia relacionados, ao vivo, indicadores econômicos, de tempo e de trânsito, links internos e externos, enquetes, fóruns de discussão, chats, blog, fotoblog, e-mail (videomail), newsletter, newsalert, RSS, RSS em canais, PDA, Podcast, SMS, MMS, Moblog, envio de cartões?
- Como será feita a edição das home pages e dos canais? O critério será optar por notícias mais novas ou pelas mais importantes?

Esse planejamento deve resultar em diferentes roteiros de leitura – em um conjunto de palavras ou de blocos de textos. Isso possibilita ao usuário escolher o nível de informação de seu interesse. As reuniões de pauta, para definir os assuntos que terão destaque no noticiário, devem ser realizadas em dois períodos (manhã e final de tarde). Essa rotina é suficiente para planejar a edição de um jornal on-line. Porém, quando surge uma informação importante, ela deve ser publicada imediatamente e a equipe de redação tem de levantar assuntos relacionados ao tema para complementar a matéria e oferecer informação atualizada ao usuário.

Outra importante característica da Internet é a interatividade, porque ela estimula os usuários a oferecer seus testemunhos, suas versões dos fatos ou sua opinião no próprio ambiente ou em um link direto com o corpo principal da matéria.

George Landow[23] observa que o hipertexto transforma o usuário em um agente ativo:[24]

> O hipertexto é um meio de organização de informações no qual o centro de atenção depende do leitor, que se converte assim em um leitor ativo, em um novo sentido para esse termo. Uma das principais características do hipertexto é ser composto por partes de textos conectados, embora sem barra primária de organização.[25]

Landow defende a possibilidade de explorar vários pontos de uma notícia a partir da utilização do hipertexto, e afirma que

[23] George Landow é professor de língua inglesa e história da arte na Universidade de Brown, em Providence, Rhode Island, nordeste dos Estados Unidos. Desde 1995, colabora com o Institute for Research in Information and Scholarship da universidade.

[24] Segundo Murray, desde a década de 1970, os críticos literários têm estado mais e mais conscientes sobre o papel do leitor em formar ativamente a experiência de um romance. Há várias tendências que se sobrepõem em tal análise. Alguns críticos concentram-se na percepção que o leitor tem das fórmulas da própria narrativa e enfatizam as muitas maneiras pelas quais esses elementos recorrentes podem ser percebidos e combinados dentro de qualquer obra em particular. Outros se centram nas projeções emocionais do leitor, em como as esperanças e os medos individuais determinam a forma de uma leitura em especial. Outros ainda enfatizam a atividade cognitiva do leitor para encaixar a obra de arte em esquemas existentes, ou quadros de referência, e para tentar organizar seus elementos num todo coerente. Embora nenhuma terminologia ou metodologia específica tenha surgido dessas pesquisas, há uma aceitação comum de que o ato de ler (ou assistir) está longe de ser passivo, exigindo considerável atividade emocional e cognitiva, além de um esmero nas fórmulas para contar histórias.

[25] Adaptação do texto de George P. Landow, *Hipertexto: la convergencia de la teoría crítica contemporánea y la tecnología* (Barcelona: Paidós, 1995), p. 24.

a individualidade de textos criada pela imprensa tende a desaparecer por causa da leitura não linear:

> Os usuários não só podem escolher vários pontos em que queiram concluir sua leitura, mas também podem ampliar o texto inicial. Como disse Ted Nelson, um dos criadores do hipertexto: "Não há última palavra. Não pode haver uma versão definitiva, um último pensamento. Sempre haverá uma nova versão, uma nova idéia, uma nova interpretação".[26]

Por meio do hipertexto, os usuários podem recorrer a diferentes roteiros de leitura em um conjunto de palavras ou de blocos de textos. Para editar notícias na Internet, é preciso renunciar ao conceito de texto unitário e substituí-lo por textos fragmentados. Isso possibilita ao usuário escolher o nível de informação de seu interesse. "A Internet amplia *ad infinitum* as possibilidades de escolha. A função de seleção torna-se muito mais necessária."[27]

Novas ferramentas tecnológicas surgiram desde 1998, quando a pesquisadora Carol Rich apresentou uma proposta de pauta na Web, e novas formas de edição ampliaram o noticiário na Web, além do aumento da participação do usuário no processo. O modelo de pauta a seguir orienta o planejamento de narrativas digitais. Porém, para que o processo de produção siga a lógica do jornalismo digital, é preciso um sistema que facilite a publicação desse tipo de conteúdo sem a necessidade de um técnico para processos simples de edição, conforme será detalhado a seguir (ver quadro na p. 165).

---

[26] *Ibid.*, p. 80.
[27] Ver entrevista com Victor Gentilli, no "Anexo", p. 256.

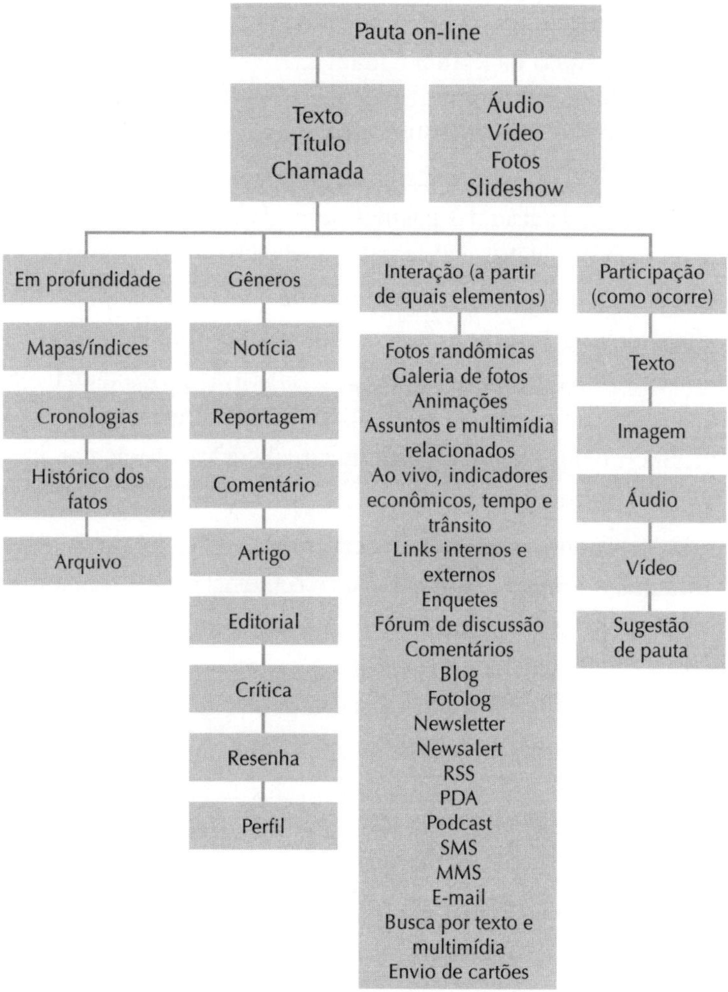
Pauta on-line
Texto
Título
Chamada
Áudio
Vídeo
Fotos
Slideshow
Em profundidade
Mapas/índices
Cronologias
Histórico dos fatos
Arquivo
Gêneros
Notícia
Reportagem
Comentário
Artigo
Editorial
Crítica
Resenha
Perfil
Interação (a partir de quais elementos)
Fotos randômicas
Galeria de fotos
Animações
Assuntos e multimídia relacionados
Ao vivo, indicadores econômicos, tempo e trânsito
Links internos e externos
Enquetes
Fórum de discussão
Comentários
Blog
Fotolog
Newsletter
Newsalert
RSS
PDA
Podcast
SMS
MMS
E-mail
Busca por texto e multimídia
Envio de cartões
Participação (como ocorre)
Texto
Imagem
Áudio
Vídeo
Sugestão de pauta

Sistemas de publicação

Desde que Tim Bernes Lee criou a World Wide Web, havia a preocupação de como divulgar informações na rede. Na metade dos anos 1990, as empresas desenvolveram ferramentas gratuitas para a elaboração das páginas pessoais de seus usuários, que foram bem utilizadas até o surgimento do blog, talvez o primeiro sistema a possibilitar a publicação de conteúdos amplamente difundidos na Internet. Sua tecnologia permite que uma ou várias pessoas postem informações e comentários, gerando blogs individuais ou coletivos, que podem ser temáticos ou livres (o surgimento dos blogs e o perfil do jornalista Web serão detalhados nos tópicos seguintes).

Os provedores gratuitos Geocities e Angelfire foram dois dos primeiros a fornecer este serviço. No Brasil, o ZAZ, em 1996, elaborou um sistema gratuito que era utilizado somente por seus usuários e depois ficou disponível para todos os visitantes. Ter um software automatizado, hoje em dia, é considerado serviço básico de qualquer provedor.[28]

Carla Schwingel explica a origem dos publicadores a partir dos blogs:

> Na consolidação do provimento comercial, as empresas desenvolveram ferramentas gratuitas para a elaboração das páginas pessoais de seus usuários que foram bem utilizadas até o surgimento do web+log (ou simplesmente blog), talvez o primeiro sistema a possibilitar a publicação de conteúdos amplamente difundidos na Internet. Sua tecnologia permite que uma ou várias pessoas postem informações e comentários, gerando blogs individuais ou coletivos, que

[28] Carla Schwingel, *Os sistemas de publicação como fator da terceira fase do jornalismo digital*, em II Encontro Nacional de Pesquisadores em Jornalismo, Salvador, 2004.

> podem ser temáticos ou livres [...] Devido à facilidade de elaboração do material e à descentralização de sua postagem, tais sistemas começaram a ser usados também com intuitos exclusivamente jornalísticos tanto por profissionais da área de Comunicação quanto por outros. Uma das características dos blogs, mesmo dos jornalísticos, é apresentar um ponto de vista pessoal, uma voz subjetiva, um pensamento ou olhar enviesado, parcial.[29]

Os publicadores, porém, são sistemas mais complexos que os utilizados em blogs. Mesmo alguns deles, como o Blogger, da Google, que permitem postar conteúdos a partir de algumas das características do jornalismo digital, são programas limitados do ponto de vista da produção jornalística. Há blogs como o Gawker (www.gawker.com), que publica fofocas, que têm caráter comercial e se diferenciam dos sites noticiosos pela autoria centralizada (em alguns casos, como o do Gawker, ocorre a descentralização) e ordem cronológica reversa, em que o mais recente fica no início e o mais antigo, no fim. A origem dos blogs será explicada no próximo tópico.

Desde 1995, com a aplicação das linguagens dinâmicas de programação como PHP ou ASP,[30] os sistemas que trabalham com banco de dados e páginas dinâmicas vêm sendo desenvolvidos, provavelmente em função de sua estrutura de programação apresentar-se de maneira mais interessante para a aplicabilidade das características dessa especificidade jornalística. Por exemplo, no caso da memória em um ambiente dinâmico, as

[29] *Ibid.*, p. 5.

[30] O Active Server Page (ASP) é um ambiente de programação desenvolvido pela Microsoft para elaboração de páginas Web dinâmicas. Ele mescla HTML com outras linguagens de programação. Virou padrão de mercado devido às pressões da Microsoft. O Hypertext Preprocessor (PHP), desenvolvido pela comunidade de software livre, é seu principal concorrente.

páginas se constituem no momento de sua visualização, ou seja, os ícones, os textos, as diferentes informações são chamados de um único local, de um único arquivo que se reproduz em várias telas.[31]

Na programação Hypertext Markup Language (HTML) simples, isso não ocorre, pois os arquivos se repetem, gerando um maior tamanho (peso em kbytes), e as páginas possuem uma estrutura fixa, dificultando a manutenção do site. Alguns desses sistemas são denominados Content Management System (CMS), sistemas de administração de conteúdos, outros de Portals System, ou seja, sistemas de gerenciamento de portais. Os primeiros são, analisando-os de forma técnica, direcionados à publicação do conteúdo para as rotinas de seleção, aprovação e edição. Já os sistemas de gerenciamento de portais são centrados nas questões de facilidade de instalação, de distinção e interdependência entre módulos (ramos do site).[32]

Os primeiros sistemas que surgiram nas redações on-line, como Dreamweaver, Front Page (MS), GoLive (Adobe) e ferramentas gráficas como o Photoshop, exigiam o conhecimento em programação para inserir áudio e vídeo, por exemplo. De uns anos para cá, esses programas ficaram mais sofisticados e fáceis de usar.

Atualmente, os softwares permitem editar, em uma mesma plataforma, texto, áudio, vídeo, galeria de imagens, enquetes, coberturas ao vivo, assuntos e mídia relacionados e automatização de conteúdo por meio do XML, formato universal para dados estruturados na Web, como Oracle ou SQL, por exem-

---

[31] Carla Schwingel, *Os sistemas de publicação como fator da terceira fase do jornalismo digital*, cit., pp. 6-7.

[32] *Ibidem*.

plo. Esses dados consistem em tabelas, desenhos, parâmetros e configurações.

Com a Web, a mídia passou a ser estruturada por uma base de dados[33] que desempenha três funções simultâneas e complementares: como interface para acesso a conteúdos, como espaço para apresentação de narrativas e como formato para organização de conteúdos.[34] Ainda não é possível cruzar automaticamente palavras-chave no sistema para que o usuário possa construir uma narrativa a partir de banco de dados. Entretanto, é preciso ter em mente os princípios de Manovich para desenvolver um publicador e estar atento às características listadas a seguir.

1) As características do jornalismo digital (multimidialidade, hipertextualidade, memória, interatividade, atualização contínua, customização do conteúdo, dinamismo e imersão), conforme já foi explicado anteriormente.
2) Simplificação dos processos de produção (automatização de conteúdos de hard news, facilidade de upload de imagens e diminuição de cliques na publicação).
3) Ter em mente um sistema macro, ou seja, considerar todas as ferramentas tecnológicas disponíveis para a Web, senão corre-se o risco de desenvolver um publicador limitado. Primeiro, deve-se pensar no administrador, depois no projeto de conteúdo. Para isso, é preciso um trabalho conjunto com técnico, designer e jornalista; profissionais qualificados, com experiência em edição multimídia.

---

[33] Lev Manovich, *The Language of New Media* (Massachusetts: MIT Press, 2001).
[34] Elias Machado, *Banco de dados como formato no jornalismo digital*, cit.

4) Esse sistema tem de permitir novas linguagens; novas ferramentas e extensões de arquivos como wma, wmv, MP3, entre outros. Ou ferramentas como RSS, SMS, MMS, vídeo, áudio, galeria/imagens, enquetes, newsalert, newsletter, Podcast, chat, Flash, link externo, estatísticas, banner, fotos randômicas, relacionar conteúdo, perfil de acesso, blog, fotoblog, moblog, ao vivo e PDA.
5) Permitir a descentralização, criando uma área de livre acesso no sistema, para que o usuário possa enviar texto, foto, áudio ou vídeo. Esse usuário ganharia um cadastro no site que permitiria publicar conteúdo de fora da redação. Um editor seria responsável pela liberação da informação.
6) Disponibilizar um banco de dados para pesquisa por meio de metadados.[35]

A partir das caracterizações anteriores, podemos classificar os sistemas em três fases. A primeira, apresentada anteriormente

[35] Metadados, original do termo em inglês *metadata*, é uma forma de compreensão e uso dos recursos eletrônicos dispostos na Internet. Baseiam-se em *meta tags* contidas no formato HTML e suas atualizações. A literatura, normalmente, define o termo como "dados sobre dados: um conjunto de elementos que possuem uma semântica padronizada, que possibilita representar as informações eletrônicas e a descrição de recursos eletrônicos de maneira bibliográfica". Pode ser também entendido como o "meio de descobrir quais os recursos existentes e como podem ser obtidos e acessados, evitando a ambigüidade dos dados". Fernando Modesto, *Metadados: uma abordagem*, texto de uso exclusivo da disciplina representação descritiva II, disponível em http://www.eca.usp.br/prof/modesto/textos/metadados.pdf. Acessado em 13 de dezembro de 2004. Segundo Shaefer, os metadados são importantes para a identificação, organização e recuperação da informação digital. Sua finalidade é facilitar, globalmente, a localização e recuperação das informações eletrônicas, para os usuários. Nesse sentido, utiliza-se dos procedimentos técnicos de indexação e classificação dos conteúdos informacionais, possibilitando a integração de fontes diversificadas e heterogêneas de informação. *Apud* Fernando Modesto, *Metadados: uma abordagem*, cit.

a partir do uso de programas como Dreamweaver, Front Page (MS), GoLive (Adobe) e ferramentas gráficas como o Photoshop.

Na segunda, sistemas permitem publicar texto, inserir links, galeria, enquetes e imagens. O conteúdo é publicado de modo manual, o que dificulta a atualização em tempo real e a edição, já que é preciso navegar em mais de uma tela para realizar todos os processos. O exemplo a seguir detalha o sistema de publicação utilizado pelo portal *A Tarde On-line*, do grupo A Tarde, de Salvador, de 1998 a meados de 2006.

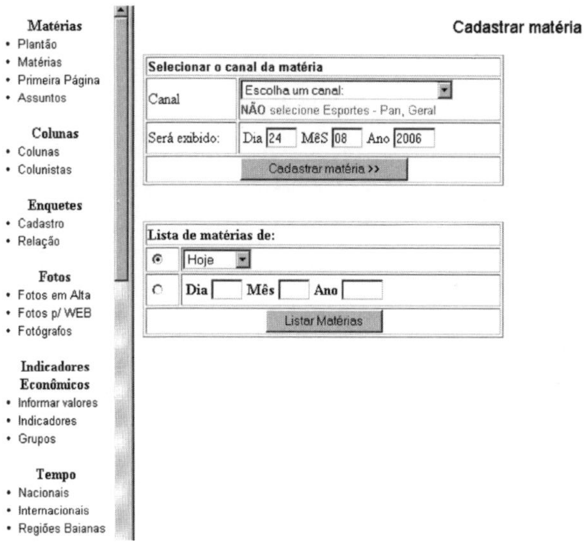

[Reprodução do cadastro de matérias do *A Tarde On-line.*]

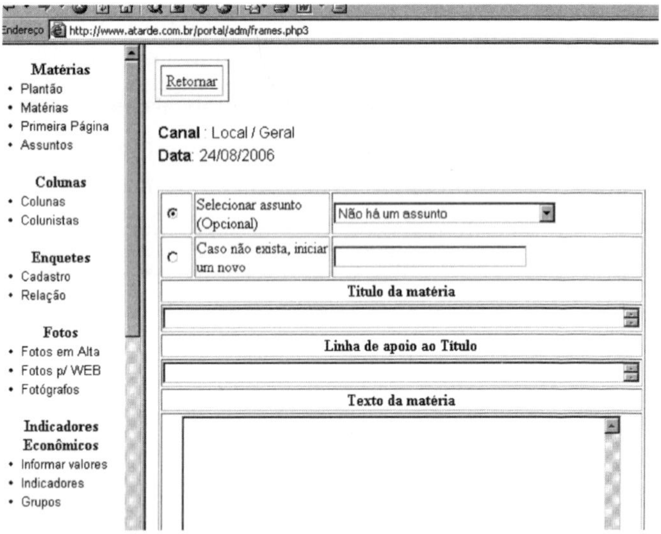

[Reprodução do detalhamento do cadastro de matérias do *A Tarde On-line.*]

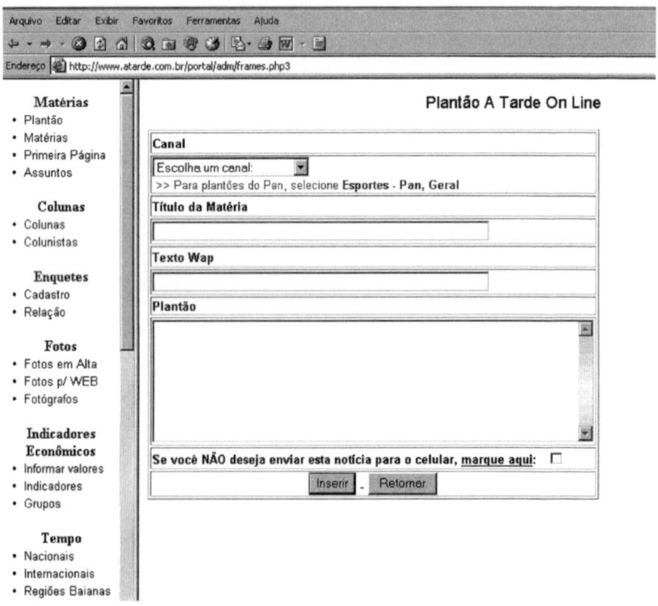

[Reprodução da área de publicação de plantões do *A Tarde On-line.*]

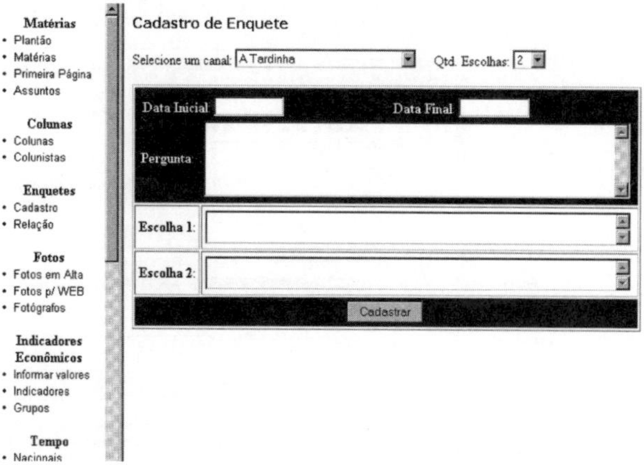

[Reprodução do cadastro de enquetes do *A Tarde On-line*.]

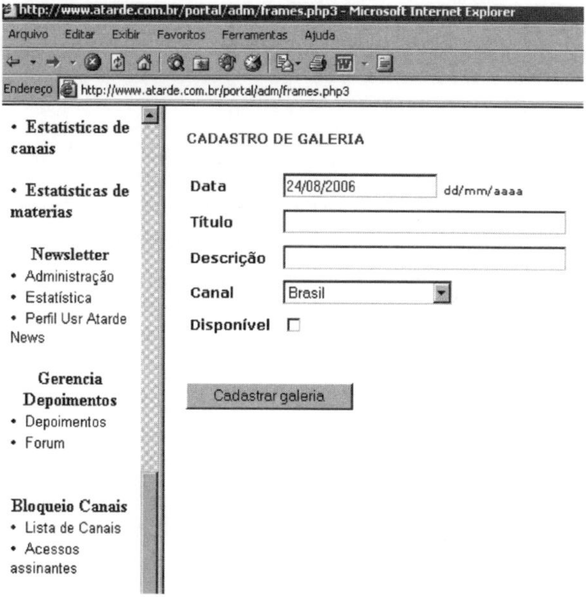

[Reprodução do cadastro de galeria de imagens do *A Tarde On-line*.]

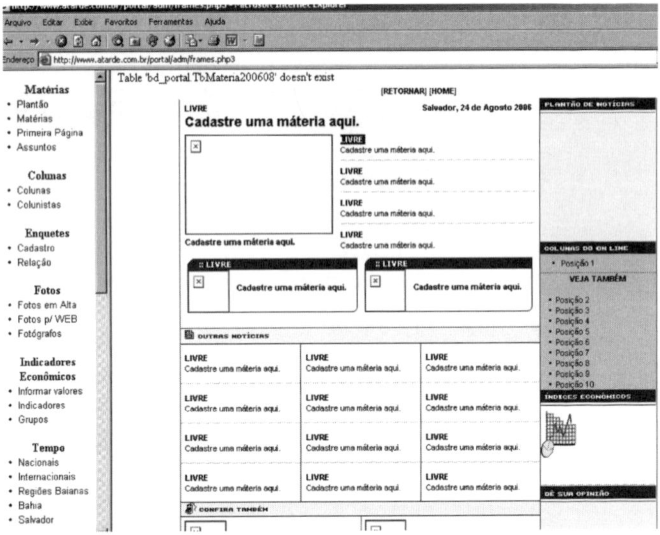

[Reprodução da edição da home page do A Tarde On-line.]

Na terceira, os sistemas permitem publicar conteúdo que engloba as características da terceira fase do jornalismo digital – multimidialidade, hipertextualidade, memória, interatividade, atualização contínua, customização do conteúdo, dinamismo e imersão.

A publicação do conteúdo e a inserção de elementos multimídia estão na mesma área no sistema, conforme figuras seguintes. Não é preciso trocar de tela para inserir links internos e externos, galeria de imagens, fotos randômicas de tamanhos variados, enquetes, palavras-chave para facilitar a busca, áudio, vídeo, relacionar enquete, conteúdo e agendar data de publicação. Há também a possibilidade de bloquear o conteúdo caso um portal mude seu modelo de negócio (de grátis para pago, por exemplo).

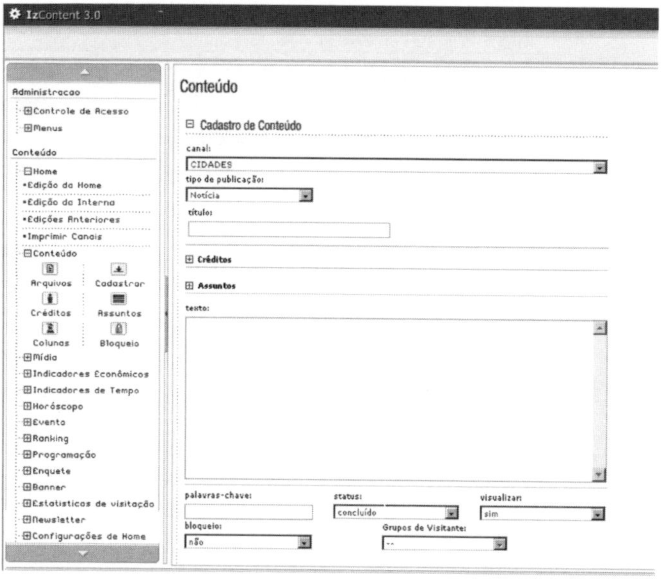

[Reprodução da tela de cadastro de conteúdo do *A Tarde On-line.*]

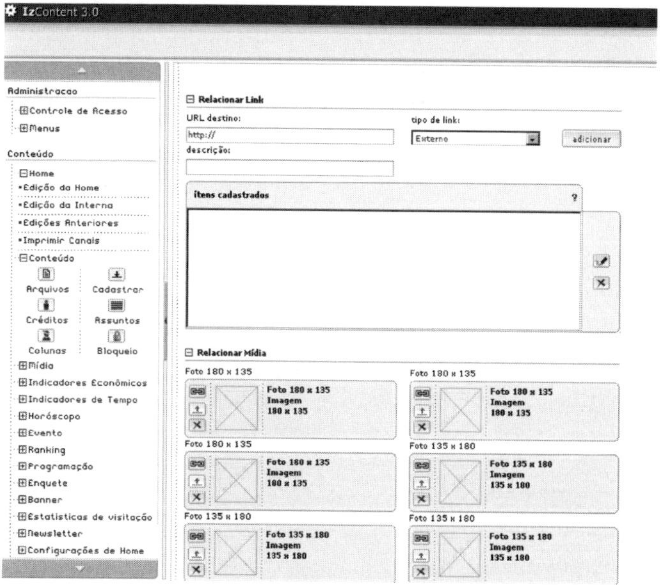

[Reprodução da tela de cadastro de conteúdo do *A Tarde On-line.*]

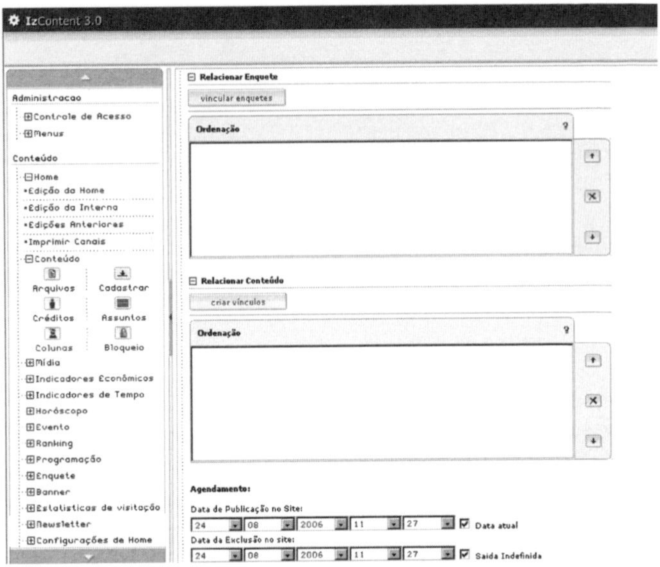

[Reprodução da tela de cadastro de conteúdo do A Tarde On-line.]

Área específica para gerenciamento de mídias – imagens, áudios e vídeos. Nesta tela encontra-se composto o banco de dados multimídia.

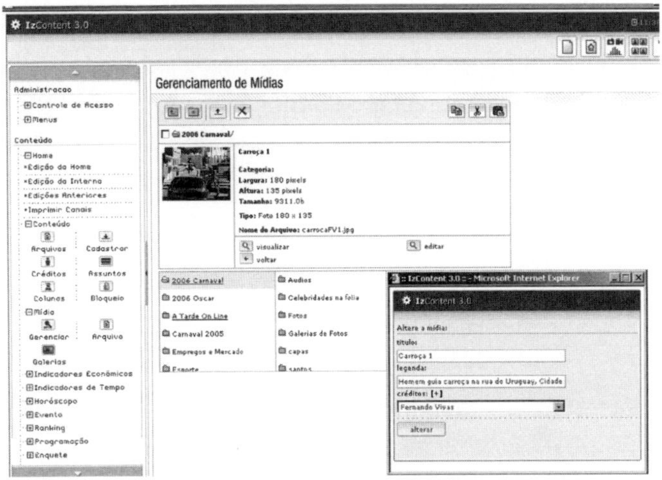

[Reprodução da tela de cadastro de conteúdo do *A Tarde On-line.*]

Cadastro de galeria de imagens. As galerias podem ser relacionadas a matérias e assuntos. Há ainda a possibilidade de agendar a data de publicação.

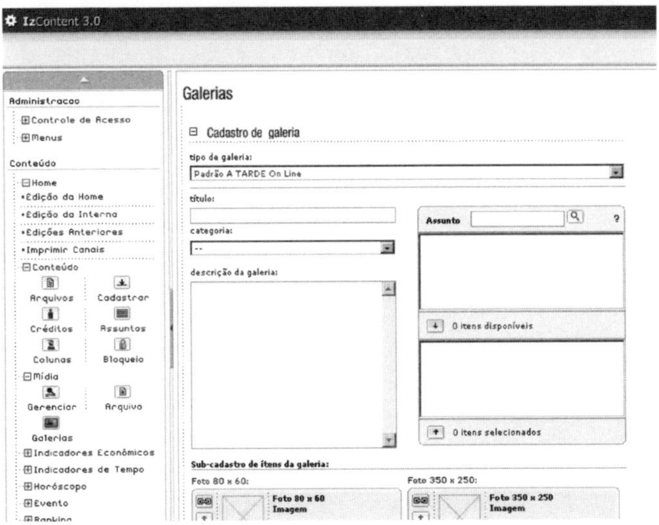

[Reprodução da tela de cadastro de conteúdo do *A Tarde On-line.*]

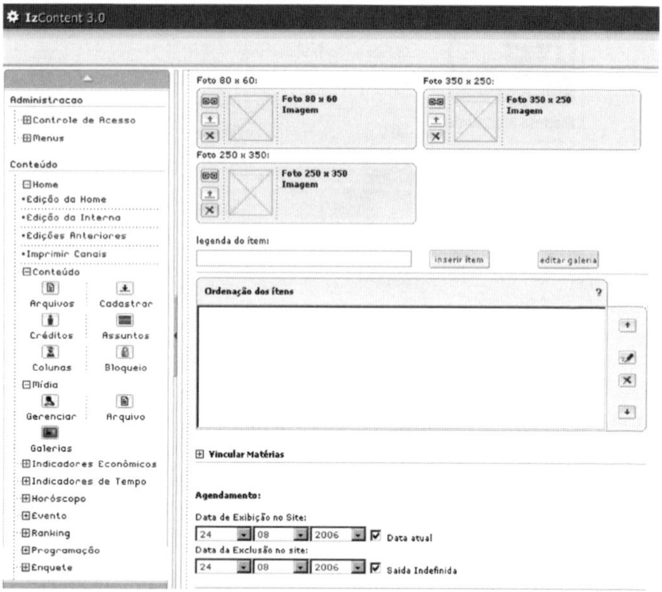

[Reprodução da tela do cadastro de galeria de imagens do A Tarde On-line.]

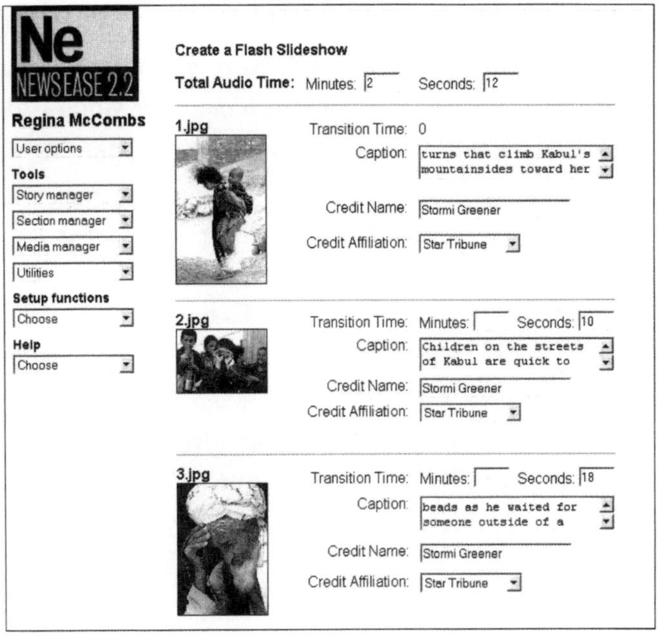

[Tela de criação de um slideshow em Flash reproduzida por Mindy McAdams em Flash Journalism. How to Create Multimedia News Packages.[36] *]*

O PAPEL DOS BLOGS

Os blogs inicialmente foram definidos como diários ou páginas pessoais constituídas na Web e que permitiam a publicação de conteúdo por qualquer usuário em qualquer lugar do planeta, sem intermediários. Foi a primeira ferramenta que não exigia domínio técnico para postar informação na rede. Considera-se

[36] Para aprender a usar o Flash e montar um pacote multimídia, ver Mindy McAdams, *Flash Journalism: How to Create Multimedia News Packages*, cit., pp. 43-294.

que o primeiro blog foi a página What's news in '92, publicada por Tim Bernes Lee, o criador da parte multimídia da Internet. A página foi criada para divulgar os projetos da World Wide Web.

O termo weblog foi cunhado em 1997 por Jorn Barger, que mantém até os dias atuais seu projeto inicial: comentários com links, em seu Robot Wisdom (http://robotwisdom.com/index.html). O blog de Barger trazia uma extensa relação de links a outras páginas. O formato não lembra em nada os blogs de hoje. Em 1999, a empresa Pitas (http://www.pitas.com), de Andrews Smiles, foi a pioneira no serviço de criação de páginas.

Naquele ano surgiram Pyra Labs (http://www.pyra.com) e Groksoup (http://www.groksoup), que lançaram serviços semelhantes, e os blogs começaram a se expandir na Internet.[37] Em 2003, a Google compra a Pyra Labs e cria o Blogger (http://www.blogger.com), uma das ferramentas mais populares da blogosfera. Eles estão classificados em blogs (textos, comentários e links externos e internos), fotoblogs (textos, comentários, links externos e internos e imagens), videoblogs (textos, comentários e links externos e internos).

A palavra blog vem do termo *boardlog*, algo como "diário de bordo", em inglês. A inspiração real viria dos cadernos em que os comandantes de navios anotavam os procedimentos necessários para tornar possível refazer as viagens. De simples diários, os blogs se transformaram em colunas políticas, colunas de celebridades, em estratégias de *marketing* para empresas, e a importância do suporte é tamanha que já se discutem modelos de negócios para financiá-los.

---

[37] Artur Vasconcelos Araújo, *Weblog e jornalismo: os casos de No Mínimo Weblog e Observatório da Imprensa (Bloi)*, dissertação de mestrado em comunicação (São Paulo: Escola de Comunicação e Artes – USP, 2006), p. 41.

A influência dos blogs se mede pela quantidade de usuários que os acessa, pela quantidade de links espalhados na rede, pelo número de buscas e pela credibilidade e qualidade do conteúdo oferecido. Estima-se que haja mais de 50 milhões de blogs em todo o mundo, segundo dados da empresa americana que monitora blogs, a Technorati (http://www.technorati.com.br). Um blog é criado a cada segundo e cerca de 1,2 milhão de novos artigos são postados por dia. Os textos são escritos por mais de 35 milhões de pessoas. O volume dobra a cada seis meses, aponta a empresa.

Os blogs tornaram-se atraentes pela facilidade de publicação e pelo baixo custo de produção, e a tendência, segundo Orduña,[38] é a de:

1) Flexibilização do formato – Haverá blogs que irão evoluir para revistas eletrônicas ou portais temáticos a partir de sistemas de publicação que permitam variar os formatos atuais.
2) Transparência do suporte – O blog será caracterizado como um tipo de Content Management System (sistema de gerenciamento de conteúdo) com múltiplas aplicações, e se falará menos do meio e mais do conteúdo.
3) Convergência com outros meios – Existirá uma crescente integração entre blogs, wikis e agregadores, e o RSS irá se converter em um formato *standard* de distribuição de conteúdos de texto, áudio e vídeo.
4) Profissionalização – Os anúncios se tornarão fonte de receitas relevantes para alguns blogs, e uma área da

[38] Octavio Isaac Rojas Orduña *et al.*, *Blogs: la conversacíon em internet que está revolcionando medios, empresas y ciudadanos* (Madri: Esic, 2005).

blogosfera tenderá a se profissionalizar (integração em portais verticais, integração em meios tradicionais, desenvolvimento de blogs corporativos, institucionais e de consultorias, por exemplo).

5) Credibilidade – O blog ainda é um meio com baixa penetração, mas com um alcance potencialmente universal; paralelamente a isso, a multiplicação de informações disponíveis na rede gera uma pressão sobre a qualidade da informação, a autoridade e autonomia do autor e a distinção entre conteúdos editoriais e ações promocionais ou políticas encobertas.

No caso do jornalismo, o blog tem desempenhado papel importante na cobertura dos fatos no Brasil e no mundo, apesar de ter uma nanoaudiência (número limitado de público),[39] mas que cria e potencializa redes sociais. Sobretudo porque abre e amplifica o espaço de discussão com os usuários. A fórmula de publicação no blog, segundo Ordeña,[40] é informação e opinião instantâneas (ao vivo). A blogosfera[41] amplia o conceito de opinião imediata. A TV o faz em casos específicos, em geral a cobertura não se restringe exclusivamente ao gênero notícia.[42] Os blogueiros noticiam, interpretam, analisam e opinam, e permitem que o usuário faça parte do processo de produção, segundo explica o jornalista Ricardo Noblat:

> O blog não permite que eu saia muito. Fico no telefone e deixo a TV ligada. Embora os depoimentos sejam transmiti-

[39] Segundo dados do Pew Internet Project, 7% dos usuários de Internet americanos acessam blogs diariamente.

[40] Octavio Isaac Rojas Orduña *et al.*, *Blogs: la conversacíon em Internet que está revolcionando medios, empresas y ciudadanos*, cit.

[41] O termo blogosfera foi cunhado em 1999 pelo blogueiro Brad L. Graham.

[42] Para saber mais sobre gêneros, ler *Jornalismo Opinativo*.

dos pela televisão, muita gente não vê. O iG me informou que um de seus picos de audiência é durante jogos de futebol, quando eles ficam fazendo aquela descrição lance a lance. Tem um bando de gente no país que não acompanha pela televisão, aí vai ao computador. Por isso, transmito os depoimentos pelo blog quase em tempo real. Não me limito a reproduzir o que dizem, faço uma análise. E por telefone ligo para alguém no plenário e pego detalhes.[43]

Sobre a credibilidade dos blogs, Noblat defende que é a qualidade do conteúdo apresentado:

> Há pouco tempo, uma das discussões favoritas em rodinha de jornalistas era se jornalista precisa de diploma para exercer a profissão, uma exigência legal no Brasil. Os blogs implodiram essa discussão. Qualquer um produz e publica conteúdo. O que sempre fará diferença é a credibilidade e qualidade do conteúdo ofertado. Aí, acho que os jornalistas e veículos conhecidos têm a vantagem de dominar as técnicas de comunicação e a credibilidade conquistada. No Brasil, os blogs de notícias que fazem sucesso ainda são ligados a nomes ou empresas conhecidas, não é? Exatamente. Agora, nada impede que um cidadão comum produza material confiável, conteúdo de boa qualidade e, aos poucos, ganhe público. Conhece algum caso? Eu confesso que, apesar de viver 14 horas por dia no blog, eu entro muito pouco. Mas gosto muito do blog do Marcelo Tas (marcelotas.blog.uol.com.br). Também entro no da Cora Rónai (http://www.cronai.com) para ler sobre viagens e informática, que ela domina bem. De política, leio o do meu concorrente Jorge Bastos Moreno (oglobo.globo.com/on-line/blogs/moreno), que *O Globo* lançou.[44]

---

[43] Ricardo Noblat, "Jornalismo 24 horas. O que um blog pode ensinar", em *Observatório da Imprensa*, São Paulo, 1º de fevereiro de 2005, disponível em http://observatorio.ultimosegundo.ig.com.br/artigos.asp?cod=314ENO002. Acessado em 18 de setembro de 2006.

[44] *Ibidem*.

No caso da guerra no Líbano, iniciada em 12 de julho de 2006, internautas que estavam perto das áreas de conflito postaram depoimentos dramáticos sobre a situação. As mensagens e imagens publicadas sobre a crise no Oriente Médio criaram um meio alternativo de informação atualizado por pessoas comuns, mas que na prática se assemelham aos correspondentes de guerra. O tsunami na Ásia (2004)[45] e os ataques terroristas em Madri (2004) e em Londres (2005) também foram reportados nos blogs e tornaram-se fonte de informação para a imprensa on-line e tradicional.

No Brasil, há casos famosos como o de Sergio Faria, dono do blog Catarro Verde (http://catarro.blogspot.com), que descobriu que o senador Antônio Carlos Magalhães (PFL/BA) plagiou o discurso do deputado federal Afonso Arinos de 9 de agosto de 1954 quando renunciou seu mandato em 2001. A nota foi parar em todos os jornais e ganhou repercussão nacional. Com isso, os blogs passaram a ser vistos como fonte de informação à imprensa.

Outra polêmica recente envolveu o Palácio do Planalto. Um fotoblog mostrava os amigos do filho do presidente em exercício Luiz Inácio Lula da Silva aproveitando a piscina do Palácio da Alvorada, onde ficaram hospedados em julho de 2004. Catorze jovens convidados da família presidencial curtiram as férias em Brasília e tiveram direito a pacote completo de mordomia: foram levados pelo Boeing presidencial, hospedaram-se no Palácio da Alvorada, saborearam café da manhã, almoço e jantar, além de *tour* pela cidade e pelo interior do Planalto, onde che-

---

[45] Blogs flagram realidade do desastre na Ásia, em *Folha On-line*, São Paulo, 29 de dezembro de 2004, disponível em http://www1.folha.uol.com.br/folha/informatica/ult124u17764.shtml. Acessado em 16 de setembro de 2006.

garam a participar de solenidade na qual estavam presentes atletas que iam para as Olimpíadas.[46] O fotoblog saiu do ar logo que a notícia foi publicada pelo jornal *Folha de S.Paulo*, em 6 de janeiro de 2005.[47] As fotos estavam disponíveis nestes endereços: www.fotolog.net/tata_lulu; www.fotolog.net/feijao_fodao/; www.fotolog.net/gringo_mi/; www.fotolog.net/monique_martan/. Também em 2004, o blog coletivo Imprensa Marrom (http://www.imprensamarrom.com.br) teve de ser retirado do ar por conta de um processo judicial. A ação foi motivada por um comentário deixado por um visitante.

O blog passou a ter um papel importante na produção jornalística do ciberespaço. Por ter um sistema de publicação fácil de utilizar, qualquer jornalista pode criar um. Atualmente, é possível também medir acesso, saber quais são os posts mais lidos e de onde vêm os usuários que os acessam.[48] "Os blogs jornalísticos colaboram para que o jornalismo tradicional valorize mais o jornalismo de Internet de uma forma geral, como já deveria ter acontecido há tempos", afirmou o publicitário Antonio Tabet em um evento organizado no Rio de Janeiro pelo jornal *O Globo*, em maio de 2006.

Para o jornalista Juca Kfouri, o grande desafio é quebrar resistências, pois o trabalho dos jornalistas-blogueiros, como ele denomina, já é reconhecido pela opinião pública. Ele citou que

---

[46] Imagens na Internet mostram filhos de Lula e amigos curtindo os confortos do poder, em *O Estado de São Paulo*, São Paulo, 7 de janeiro de 2005, disponível em http://www.link.estadao.com.br/index.cfm?id_conteudo=2254. Acessado em 16 de setembro de 2006.

[47] Colônia de férias do Alvorada tem fotoblog, disponível em http://www1.folha.uol.com.br/fsp/brasil/fc0601200513.htm. Acessado em 18 de setembro de 2006.

[48] Para saber mais sobre como criar um blog, acesse http://www.blogger.com. Acessado em 18 de setembro de 2006.

a notícia veiculada em seu blog sobre a chegada ao Brasil do russo Boris Berezovski, o principal investidor do MSI, parceiro do Corinthians, resultou na prisão do magnata, que é suspeito de envolvimento com transações financeiras irregulares e de ligações com a máfia russa. "Pela primeira vez, vi a Polícia Federal atribuir uma prisão a um post publicado em um blog. Acho que esse tipo de reconhecimento é essencial para fortalecer esse perfil de jornalismo".

Na opinião do blogueiro Ricardo Noblat, os blogs estão quebrando de forma lenta, mas definitiva, a antiga relação dos leitores com a notícia, dos jornalistas com a informação, e a resistência da mídia em entender o impacto dos blogs. "Os jornais têm de entender que já não é mais possível segurar a informação, a menos que o jornalista tenha plena certeza da exclusividade dela."

Nos Estados Unidos, os blogs foram vistos como ameaça direta à grande imprensa e às convenções pelas quais controla as notícias. E uma das convenções que, por acaso, funcionou em favor dos blogs foi a maneira como a mídia costuma tomar conhecimento de uma nova tendência e descrevê-la como revolução. O aumento da credibilidade foi ajudado pelo fato de muitos dos blogueiros mais conhecidos serem pessoas de destaque no *establishment* da mídia – gente como Andrew Sullivan, ex-editor da revista *The New Republic*, ou Mickey Kaus, da *Slate*, a revista on-line que a Microsoft vendeu à empresa The Washington Post Company em 2005. Ou Nick Denton, ex-repórter do *Financial Times* que criou o Gawker, um miniimpério de blogs de fofocas.[49]

---

[49] *A pornografia da opinião*, disponível em http://www1.folha.uol.com.br/fsp/mais/fs1405200606.htm. Acessado em 14 de novembro de 2006.

O fato de jornalistas tão respeitados terem aderido aos blogs conferiu à revolução uma dose de credibilidade que ela talvez não tivesse caso se encontrasse nas mãos de verdadeiros *outsiders*. E então, logo antes da eleição presidencial de 2004, o "blogging" passou por seu momento "Encouraçado Potemkin", quando multidões de blogueiros partidários surgiram para derrubar o leviatã da CBS, Dan Rather, por ele ter divulgado memorandos supostamente falsos sobre o serviço militar prestado pelo presidente dos Estados Unidos, George W. Bush, na Guarda Nacional. Isso pareceu comprovar uma das maiores afirmações feitas em favor dos blogs: que a inteligência coletiva do público da imprensa era maior que a inteligência coletiva de qualquer jornal ou programa de notícias, conta Trevor Butterworth, em artigo publicado no Caderno Mais!, da *Folha de S.Paulo*, em maio de 2006.[50] O perfil dos jornalistas multimídia será discutido no próximo tópico.

Trevor Butterworth vai além e diz que no futuro os blogs terão seu próprio modelo de negócio e serão rentáveis:

> O professor de direito e apresentador de rádio Hugh Hewitt disse que seria difícil exagerar a rapidez com que avança a reforma da informação ou superestimar seu impacto sobre a política e a cultura. A grande imprensa tornou-se uma casca oca daquilo que já foi, em termos de influência, e, quando os anunciantes se derem conta de quem está lendo os blogs, a velha imprensa vai ver sua base de anunciantes fugir – e não será um processo demorado. Michael S. Malone, que já foi descrito como "o Boswell do vale do Silício" [James Boswell, biógrafo escocês do século XVIII], afirmou que estamos assistindo à aurora da mídia dominada pela blogosfera. Daqui a cinco anos, a blogosfera terá se transformado num motor econômico poderoso, que terá pratica-

[50] *Ibidem*.

mente relegado os jornais ao esquecimento, os quais (graças aos celulares que filmam) terão se metamorfoseado numa mídia de vídeo que concorre com o jornalismo televisivo e que terá criado um novo grupo de superestrelas e grandes empresas de mídia. Bilhões de dólares serão ganhos por quem tiver presciência suficiente para embarcar nesse bonde ou investir nessas empresas.[51]

PERFIL DO PROFISSIONAL

Além de trabalhar em parceria com um técnico e um designer, como defende o jornalista Luciano Martins, o jornalista da Web também deve ter habilidades para trabalhar com edição de home page e canais, experiência em produzir reportagens multiformes e notícias hipertextuais e capacidade de criar pacotes multimídia. Também deve ter conhecimentos em programas como Photoshop (para tratamento de imagens) e editores de áudio, vídeo e Flash, entre outros. Além dos requisitos necessários como texto final, acuracia gramatical, boa formação cultural, ser bem informado, ter o domínio de um ou mais idiomas, facilidade de escrever sobre temas variados, o profissional que trabalha com jornalismo digital tem de conhecer em profundidade o conceito de jornalismo assistido por computador (CAR, sigla em inglês), que abrange quatro modalidades: 1) reportagem, 2) pesquisa, 3) referência e 4) encontro, segundo classificação da pesquisadora Nora Paul.[52]

Machado explica como o uso de banco de dados facilita o CAR:

---

[51] *Ibidem*.

[52] Nora Paul, *Computer-Assisted Research: a Guide to Tapping On-line Information* (4ª ed. Chicago: Bonus Books, 1999), pp. 3-4.

Na reportagem, o jornalista conta com os recursos de programas especializados para cálculos complexos, programas estatísticos para análises de dados extensos e programas para construção de arquivos próprios, capazes de contextualizar os fatos e identificar tendências futuras. Enquanto a reportagem assistida por computador trabalha com fontes primárias como entrevistas ou observações, a pesquisa utiliza fontes secundárias como relatórios, artigos ou material disponível nos bancos eletrônicos de dados. A referência permite a consulta a fontes, como dicionários, enciclopédias, almanaques e glossários, disponíveis em meios como CD-ROMs ou nas próprias redes. Os encontros são possíveis nas listas ou nos grupos de discussão, lugares em que os jornalistas têm a chance de participar das discussões, acompanhar as opiniões de especialistas em esferas específicas e descobrir futuras fontes para reportagens.

A disseminação das redes digitais, como constata Bastos, estimula a elaboração de uma lógica estrutural distinta para o jornalismo, com conseqüências para a pesquisa, a produção e a difusão de dados. Mais que ferramentas à disposição dos jornalistas, as tecnologias de circulação e armazenamento de dados são o indício de fenômeno mais amplo que exige diferentes habilidades dos profissionais do jornalismo. Antes mesmo do desenvolvimento do jornalismo digital, Koch defendia que com os bancos de dados em linha nascia uma forma distinta de relação entre o jornalista e o assunto da notícia.

Como a tecnologia digital tende a afetar tanto os meios de produção quanto os próprios conteúdos, contrapondo-se a teóricos como Meyer, que consideram o fenômeno como o "mesmo velho jornalismo" com nova cara, Koch acredita que o uso dos bancos de dados eletrônicos lança os alicerces de um novo tipo de jornalismo, que liberta os profissionais dos pontos de vista limitados expressos por especialistas e fontes oficiais.

Enquanto nos modelos de pesquisa e apuração nos meios convencionais a apuração parte de fatos que podem ser localizados com facilidade, factóides isolados de uma determinada região e, mais freqüentemente, de declarações, Koch acentua que, no modelo eletrônico para apuração jornalística, os fatos são substituídos pela necessidade de uma frase de busca que defina a questão ou o problema pautado.

- O estudo de Koch demonstra que, no modelo clássico, antes de o relato ser publicado, o jornalista deve encontrar os fatos, buscar os produtores de fatos para contrastar os indícios com os fatos arquivados no jornal, além de ter a obrigação de entrevistar parlamentares ou funcionários vinculados ao assunto. No caso da apuração eletrônica, que parte de uma frase para descrever o tema da notícia ou reportagem, Koch lembra que, antes do relato contextual dos fatos, o jornalista consulta dados armazenados ou fontes disponíveis no ciberespaço, entrevista os sujeitos dos fatos e avalia o conteúdo das declarações, tanto no espaço eletrônico quanto nas páginas impressas.[53]

Obviamente que por se tratar de dados cruzados por sites, blogs, entrevistas por e-mail ou sistemas de comunicação instantânea, é preciso cautela ao receber informações pela rede. O jornalista deve levar em conta a ética kantiana, segundo a qual deve socializar as verdades de interesse público, para tornar público o que grupos de interesses queiram manter em sigilo. Na ética kantiana, o valor da verdade transcende todos os demais e coloca-se de modo absoluto. Ou seja, o jornalista é responsável por todos os seus atos, mas não pode ser responsabilizado pelas conseqüências de ter revelado verdades.[54]

Esse material pode ser editado conforme as características do jornalismo digital explicadas anteriormente. Em algumas situações é possível publicar uma notícia e inserir áudio e vídeo sem precisar de um editor multimídia ou de um técnico em informática. O mesmo vale para tratamento de imagens. São

[53] Elias Machado, *O ciberespaço como fonte para os jornalistas* (Salvador: Calandra, 2003).

[54] Bernardo Kucinski, *Jornalismo na era virtual: ensaios sobre o colapso da razão ética* (São Paulo: Edusp, 2005).

disponíveis programas de edição como Photoshop (imagens), Windows Media Player, MP3 DirectCut, Wave Pad, BpowerAMP Music Converter (áudio), Windows Media Enconder (áudio e vídeo) e Windows Movie Maker (vídeo). Saiba como fazer:[55]

Edição de áudio e vídeo

- Equipamento
  - Câmera fotográfica digital;
  - Gravador de áudio em MP3 com saída USB;
  - Filmadora para imagens com saída USB;
  - Monitor especializado em edição multimídia.

Edição de áudio

- Equipamento

Deve-se utilizar um gravador digital que tenha microfone, de preferência que permita fixar na lapela de uma camisa. Esse microfone diminui a captação dos ruídos ambientes e garante maior nitidez do som que se quer gravar.

- Programas

1) Para copiar um CD para o computador

   O dBpowerAMP Music Converter é gratuito e fácil de usar. É só fazer o download: http://baixaki.ig.com.br/site/detail3195.htm.

   Ele grava o CD na extensão MP3 ou wav. A gravação em wav oferece uma maior qualidade da digitalização

[55] É importante deixar claro que há uma centena de softwares para edição multimídia. Os programas citados são utilizados pela autora na redação digital.

e esse formato de arquivo permite edições simples no próprio gravador de som do computador.

2) Para editar áudio

   Para deletar apenas um pedaço de um arquivo, pode-se usar o gravador de som do próprio computador (Iniciar/Programas/Acessórios/Entretenimento/Gravador de som).

   Se quiser cortar partes de entrevistas e unir diversos fragmentos em um único arquivo, pode-se fazer uma edição mais refinada pelo Wave Pad (gratuito), programa também muito simples de usar. É só fazer o download: http://baixaki.ig.com.br/site/detail13896.htm.

   Outro sofware fácil de usar é o MP3 DirectCut. Está disponível no endereço http://www.download.com/MP3DirectCut/3000-2169_4-10516070.html?tag=lst-0-1.

3) Para converter áudio

   Há vários formatos de áudio para Internet; entretanto, o mais utilizado na redação é o wma, pois trata-se de um arquivo que roda em qualquer computador que tenha Windows, e não é preciso instalar nenhum outro programa específico. Ele toca no Windows Media Player.

   Para converter usar o Windows Media Encoder (gratuito). É só fazer o download: http://www.microsoft.com/windows/windowsmedia/pt/9series/encoder/default.aspx.

Edição de vídeo

- **Equipamento**

A filmadora deve-se adequar ao tipo de filmagem que será feita. A seguir, algumas dicas:

1) Para fazer closes, uma câmera com um zoom maior.

2) Verificar como é feita a transmissão de dados para o computador. As câmeras da Sony que usam miniDV (uma pequena fita de gravação). Outras filmadoras usam um DVD de tamanho menor do que os convencionais e possuem cabo USB. Nesse caso, basta conectar o cabo no computador e a transmissão de dados está feita. Há câmeras que fazem a transmissão de dados pela porta IEEE 1394, chamada de FireWire pela Apple ou I.Link pela Sony. Nesse caso, para importar o vídeo da câmera digital, o computador precisa ter uma placa de expansão com uma porta IEEE 1394. Na dúvida sobre a configuração do computador, escolher uma que tenha transmissão por USB.
3) O formato de vídeo deve facilitar a edição no computador. Os mais populares são MPEG e AVI.

- Programas

1) Para capturar imagem e editar

O Windows Movie Maker é gratuito e muito fácil de usar. Tem uma versão em português e já vem instalado com o Windows XP. Caso não tenha o programa, mas seu sistema operacional for o Windows XP, faça o download no endereço http://informatica.terra.com.br/est/download/windowsmoviemaker.htm. Esse programa, inclusive, capta imagens da TV, até mesmo ao vivo. Basta instalar no computador uma placa sintonizadora de televisor. No ícone Ajuda do programa, há várias dicas de onde captar imagens.

Se preferir um mais profissional, tem o Pinnacle Studio, que é pago. São oferecidos cursos. Informações no site http://www.pinnacleal.com/Site_em_Portugues_10/cursos.htm.

2) Converter e compactar

Os formatos mais comuns de vídeo para Web são .mov (Quick Time), .ram ou .rm (Real Player) e .wmv (Windows Media Player). Particularmente prefiro este último por não precisar instalar nenhum outro programa específico, visto que roda em qualquer computador que tenha Windows.

O programa para converter para .wmv é o mesmo do áudio, o Windows Media Encoder.

Dicas

Dicas para escolher uma filmadora digital: http://camara-digital.typepad.com/pixmania_blog/2005/02/como_escolher_u.html#formats.

Desenvolvimento de vídeo para Internet: http://www2.fundao.pro.br/articles.asp?cod=93.

Formação em edição multimídia:

http://newsplex.sc.edu/

Ferramentas para redação on-line:

http://www.cyberjournalist.net/news/000117.php

Um bom entendimento do uso de programas básicos de edição multimídia permite produzir, com mais agilidade, notícias com as características do jornalismo digital. Uma nota com o anúncio do lançamento de um CD pode vir acompanhada de uma das faixas do disco, por exemplo. Se o usuário tiver cadastrado o RSS do canal de cultura onde o texto foi publicado, irá receber o aviso para ouvir a canção. A crítica de um filme pode vir acompanhada do *trailer*, de um perfil dos atores, de entrevistas, entre outros. As dicas apresentadas na página 197 podem auxiliar na produção desse tipo de conteúdo. É preciso deixar claro que não há a necessidade de usar todos os recursos multimídia existentes para publicar uma nota.

[Dicas para produção e edição]

Como já foi observado no capítulo "A narrativa digital" (ver p. 145), os recursos multimídia disponíveis conduzem a um novo planejamento da redação jornalística e a produção e a edição na Web podem ser divididas em: a) texto multilinear, b) reportagem multiforme e c) pacote multimídia. É preciso saber como organizar e apresentar aquilo que se escreve e levar em conta as características do jornalismo digital ao elaborar o conteúdo on-line.

O que muda é a forma pela qual as matérias são editadas – a notícia (ou qualquer outro gênero jornalístico) pode ser mais bem contextualizada na Internet. É possível explorar as relações com o passado, oferecendo informações de fundo ou listando reportagens anteriores sobre o mesmo tema.

O texto em rede deve ser editado a partir da audiência que se pretende atingir. Deve ser considerado o tempo gasto pelo usuário com a leitura de notícias e o horário de maior visitação do site. Com isso, é possível determinar o tamanho de um texto e em que ocasião e horário ele deve ser publicado.

Um documento técnico, por exemplo, pode ter muitos links com resumos de informações. O leitor pode clicar num link e ver a definição do assunto em questão e retornar ao texto principal. Um documento mais generalizado pode conter somente alguns links para outras páginas do próprio site e também links para outros sites. Uma reportagem especial pode ser publicada no horário e no dia em que o site registra melhor audiência.

A edição em um site noticioso deve: 1) resumir as principais notícias e oferecer níveis de informação ao leitor, com links, imagens, áudio, vídeo, títulos com introdução, ou seja, pequenas chamadas seguidas dos títulos; 2) hierarquizar os temas destacados; 3) oferecer interatividade ao usuário; 4) possibilitar aprofundamento na notícia; 5) oferecer coberturas ao vivo; 6) oferecer comentários e análises de especialistas; 7) disponibilizar um arquivo com opções de busca por palavra-chave, nome do autor ou datas; e 8) permitir a participação e a colaboração do usuário na produção de conteúdo.

A estrutura das redações on-line não difere muito da estrutura das tradicionais. Geralmente, é formada por um diretor de conteúdo, editor(es), repórter(es), redator(es), estagiário(s). A diferença é que nas redações on-line há vários fechadores de capa, os chamados editores de home page, ao contrário da redação do veículo impresso, em que há uma pessoa responsável pelo fechamento da primeira página.

Há três tipos de audiência na Internet: leitores considerados *scanners*, que só vão passar os olhos pelo texto, procurando divertimento e surpresas; os que preferem recursos multimídia a textos; e os que procuram informações específicas – que normalmente lêem longos textos na tela do computador.

Os *scanners*, que certamente vão procurar resumos de informações, preferem blocos de textos de até 100 palavras, com parágrafos de até 75 toques. Assim, eles não precisam rolar a página para ler determinada notícia. Para aqueles que querem imprimir o texto, é preciso oferecer a possibilidade de download e impressão. O site deve ter também arquivos para usuários que querem ler matérias longas ou informações detalhadas.[1]

O último estudo sobre como o usuário lê notícias na rede é o *Eyetrack III*, do Poynter Institute. De acordo com o *On-line News Consumer Behavior in the Age of Multimedia,* divulgado em setembro de 2004,[2] o produtor de conteúdo de um site noticioso tem

---

1 Cf. entrevista com o professor Crawford Kilian, no Anexo, p. 266. O número de palavras foi definido por meio de pesquisa de comportamento do usuário aplicada por Crawford Kilian utilizando blocos de texto de 100, 200 e 300 palavras. Crawford observou que os blocos mais lidos foram os com até 100 palavras. Para isso utilizou um dispositivo colocado em uma home page, cuja medida foi baseada na relação tempo/bloco de texto.

2 O estudo do Poynter Institute foi feito no final de 2003 com 46 usuários que lêem notícias na rede, usando-se um sofisticado equipamento que rastreia o comportamento do usuário em um site noticioso, o modelo ET-17, da Tobil Tecnologies. O Tobil é um sistema que controla o olhar dos usuários. O sistema, instalado no computador, capta com exatidão, por meio de uma microcâmera acoplada ao teclado, o comportamento na tela, como, por exemplo, ler na tela, editar na tela, uso de correio eletrônico e navegação pela Internet. Para saber mais sobre o Tobil, visite o site http://www.tobii.se/. De acordo com os pesquisadores do Poynter Institute, não se trata de um estudo estatístico, mas de uma pesquisa qualitativa cujo objetivo é entender o processo de leitura humano na Internet. As pessoas não olham cada letra de uma palavra, mas reconhecem a palavra como um todo, e freqüentemente observam mais de uma palavra ao lerem um texto. De acordo com o psicolingüista Keith Rayner, da Universidade de Massachusetts, o comportamento típico do leitor é olhar uma ou mais palavras em um texto e fixar os olhos por 0,25 segundo em média. Em seguida, move os olhos para a próxima palavra ou gurpo de palavras e gasta apenas 0,1 segundo. Depois, repete esse padrão por uma ou duas vezes e faz uma pausa para compreender a frase que está sendo lida. Nessa ação, gasta entre 0,3 e 0,5 segundo. Rayner afirma que as pessoas lêem em um artigo de 200

de se perguntar ao publicar na rede: Quando o uso de multimídia é apropriado? O que as pessoas pensam de um site de notícias que oferece multimídia é o mesmo que os designers pensam? O layout do portal é útil? Que efeitos têm as manchetes e as chamadas? Os anúncios estão colocados corretamente?

A imagem a seguir mostra que, ao entrar em um site noticioso, o usuário fixa o olhar primeiro para o canto superior esquerdo da página (área vermelha); em seguida para o centro da página (área amarela); por último, observa a parte direita superior e inferior da página (área verde).

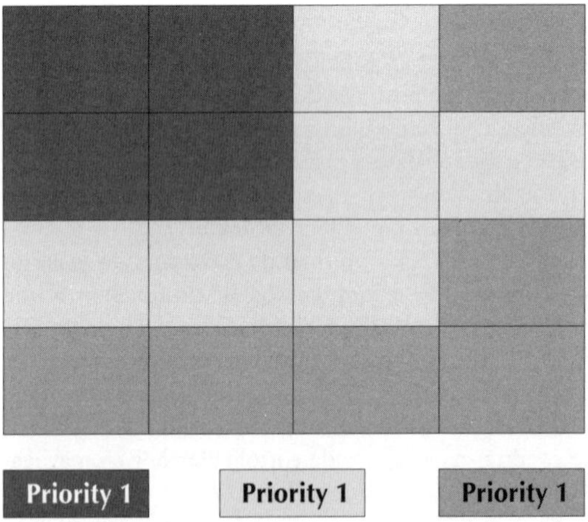

[Campo de visão do usuário no site noticioso. Fonte: Poynter Institute.]

Manchetes tendem a atrair a entrada na página, especialmente quando estão no canto superior esquerdo ou no centro da página (ver imagem na página seguinte). O estudo do Poynter

a 400 palavras por minuto. O estudo se propõe a mostrar esses processos de fixação do olhar dos usuários.

Institute aponta que a imagem não chama a atenção do internauta em um site noticioso, provavelmente, por causa do tamanho e da resolução das imagens.[3] "Tamanho e tipo das letras influenciam na escolha de um texto para ler. Letras pequenas encorajam a leitura e letras grandes fazem os usuários apenas passar os olhos pelo texto", conclui o estudo.

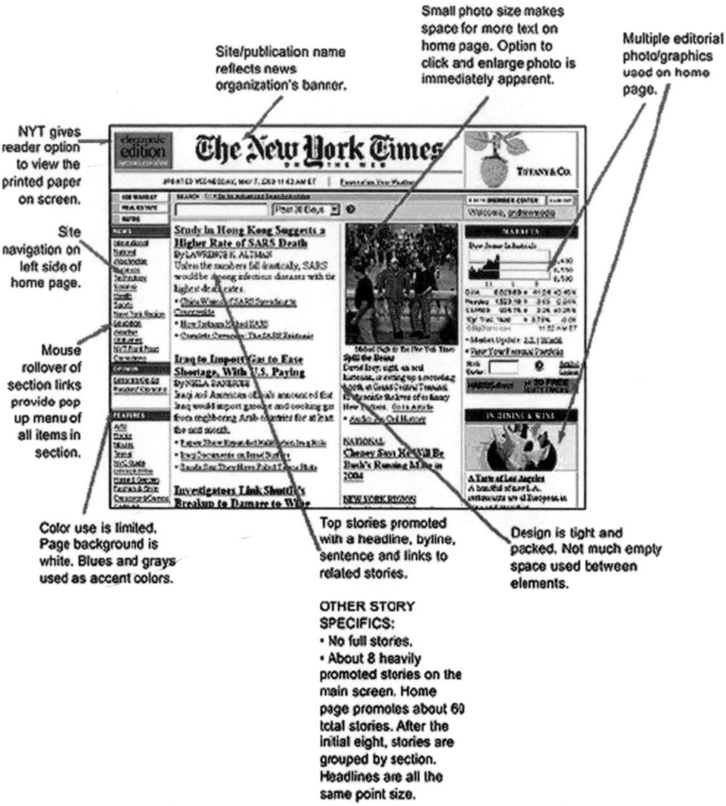

[Disposição das letras, manchetes e destaques do *The New York Times*. Fonte: Poynter Institute.]

[3] Para ler o estudo completo, ver http://www.poynterextra.org/eyetrack2004/index.htm. Acessado em 19 de setembro de 2006.

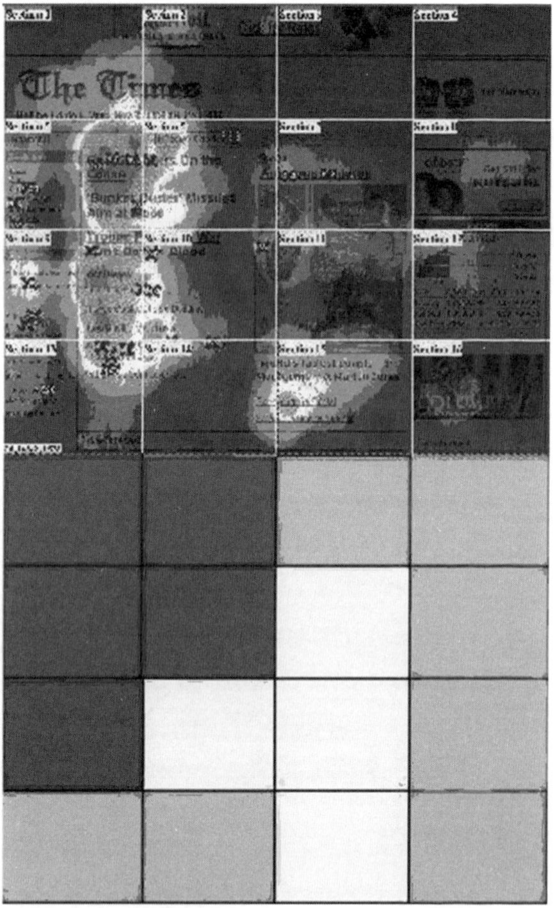

[*Heatmap* do usuário do *The New York Times.*]

O estudo do Poynter Institute mostra que, em alguns casos, o texto chama mais atenção do que os recursos multimídia disponíveis e aconselha ao produtor de conteúdo analisar como os usuários serão beneficiados com áudio, vídeo e links. Os usuários tendem a lembrar das últimas notícias quando são postadas em texto. Os recursos multimídia funcionam para ilustrar um acontecimento como, por exemplo, no caso do atentado contra os Estados Unidos em 2001, quando os principais sites jornalísticos mostraram, em imagens multimídia, como ocorreram os ataques. Segundo observa o pesquisador Vicente Gosciola, o conteúdo para a Web deve seguir um roteiro, mesmo que não haja participação do usuário na produção:

> Uma hipermídia de tamanho médio, com algo em torno de mil telas, traz muita dificuldade ao roteirista em prever interação entre a obra e o utilizador, ou quais telas e em que ordem o utilizador seguirá. O roteiro tem o papel de definir os possíveis caminhos pelos quais o utilizador poderá circular. No livro lanço a possibilidade de um modelo fundamentado no princípio da incerteza da física quântica, em que, por mais que o roteirista tente manter o controle dos caminhos traçados pelo utilizador, é impossível saber quando ele passará por um determinado conteúdo.[4]

Leia a seguir dicas sobre texto, produção e edição na Web.

A narrativa digital está divida em:

a) Texto multilinear – engloba todos os gêneros jornalísticos, com acesso ao hipertexto sem a necessidade de serem utilizados todos os recursos multimídia e de interação; uma nota curta não precisa de áudio, vídeo e slideshow. Pode ser editada com um ou outro elemento. Ou produzida por um internauta, a partir de foto, texto ou áudio.

b) Reportagem multiforme – novas formas de narrativa, que incluem necessariamente elementos de multimídia e de interação e extrapolam a noção de criatividade do conceito de descentralização da produção. Um usuário pode,

[4] Juliana Monachesi, "Comunicação para um público hipermidiático", em *Folha de S.Paulo*, Caderno Mais, São Paulo, 7-11-2004, p. 3.

por exemplo, participar de uma das pautas. Geralmente, o internauta participa mais do factual.

c) Pacote multimídia – composição que reúne edição multimídia e interação em Flash.

Alguns exemplos de narrativa digital:

- *Páginas de entrevistas* – devem ser estruturadas com um texto de abertura em um bloco de até 100 palavras. Perguntas e respostas devem ser editadas em dois blocos de até 200 palavras. Caso a entrevista seja extensa, é preciso dividi-la em links. Se o assunto justificar, podem-se incluir áudio, vídeo ou outras imagens.
- *Páginas de especiais* – planejadas com antecedência pelo jornal, dedicadas a temas de interesse do usuário. As matérias especiais devem ser planejadas explorando-se todas as peculiaridades da Web. Uma matéria sobre um escritor, por exemplo, deve conter conexões para contextualizar sua vida e obra (influências, depoimentos, livros, etc.).
- *Páginas de notícias* – as notícias veiculadas na Web devem oferecer diversos níveis de informação ao usuário: *briefings* (resumos), recursos multimídia (se o fato justificar), matérias detalhadas e histórias completas, além de links e e-mails de assuntos relacionados.
- *Pesquisas de opinião* – indicam comportamentos e tendências sociais. Devem ser elaboradas com antecedência, salvo aquelas provocadas por fatos jornalísticos que exijam repercussão imediata. Na edição são publicados somente os números da pesquisa, que pode ser contextualizada com histórias, personagens ou outras pesquisas. Sua publicação deve ter por finalidade oferecer diferentes ní-

veis de informação ao usuário. Os textos devem ser acompanhados de links para páginas que contenham resultados completos; além disso, pode-se facultar também a opção de download (baixar o arquivo integral). Podem ser editadas em Flash ou acompanhar pacotes multimídia ou reportagens multiformes.

A seguir, foram listados os elementos que compõem uma narrativa digital.

Elementos de composição

- *Ao vivo* – narração textual contínua de um fato.
- *Assuntos relacionados* – relacionar textos do banco de dados sobre um tema especifico ou links externos, de sites que não são parceiros do portal jornalístico, mas possuem conteúdos ligados à notícia publicada.
- *Atualização* – durante as vinte e quatro horas do dia. Deve constar na página o horário em que a matéria foi atualizada.
- *Áudio* – som produzido em formato para publicação na Web.
- *Aumentar ou diminuir a fontes* – oferecer ao leitor a possibilidade de ampliar ou reduzir o tamanho da letra
- *Banco de dados* – arquivo do conteúdo do portal, seja em texto, áudio, vídeo, imagem ou qualquer outro recurso multimídia.
- *Blog* – ferramenta que permite publicar todos os gêneros noticiosos consagrados pela mídia tradicional editados com elementos multimídia. Uma matéria sobre um terremoto ou sobre eleições pode ter um blog para que o internauta participe da discussão de um assunto.

- *Boletim informativo ou newsletter* – envio por e-mail aos usuários as novidades de cada edição; a newsletter pode ser produzida em áudio, vídeo, imagem, texto ou qualquer outro recurso multimídia.
- *Cabeçalho* – deve conter nome do veiculo de comunicação, nome da cidade a qual pertence, data, mês, ano e horário em que a matéria foi publicada.
- *Chat* – bate-papo com uma fonte, personagem de matéria, político ou economista, por exemplo, para complementar ou discutir o conteúdo de um texto.
- *Comentários* – link na página para o usuário opinar sobre o conteúdo.
- *Comunicar erros* – formulário para o usuário apontar erros de informação ou incoerência nos textos.
- *Copyright* – deve constar o copyright do jornal
- *Creative commons* – formato que permite ao usuário republicar o conteúdo, e em alguns casos, modificá-lo. O site noticioso pode permitir o uso da licença Creative Commons.
- *Crédito das imagens* – nome do fotógrafo, seguido do nome do veículo de comunicação.
- *Crédito das matérias* – nome do repórter, seguido do nome do veículo de comunicação.
- *Donwload* – disponibilizar texto, áudio, vídeo e imagens para o usuário baixar em seu computador.
- *E-mail* – sempre que possível, oferecer uma referência mais próxima ao usuário, como o e-mail da pessoa que poderá fornecer mais informações.
- *Enquete* – criar enquete sobre questões polêmicas da atualidade.

- *Enviar e-mail* – formulário para o leitor indicar conteúdo.
- *Estatísticas da matéria* – exibir dados de acesso como visitante único, páginas vistas ou clique, notícias mais acessadas por palavra-chave, origem da visita (país, cidade) e horário de maior visitação no site.
- *Favoritos* – permitir ao usuário adicionar a página no navegador.
- *Fórum* – a cada semana, discutir um assunto diferente na seção Fórum.
- *Fotoblog* – ferramenta que permite publicar foto e texto. Uma matéria sobre um terremoto ou sobre eleições pode ter um link para um fotoblog que ilustre um assunto.
- *Galeria de imagens* – seleção das melhores fotos do dia, editadas por tema específico ou geral.
- *Infográficos animados* – infográficos em Flash que, em alguns casos, seguem a lógica da continuidade ou da atualização. Um infográfico animado pode substituir o *lead* em certas circunstâncias, pois a sua construção tem como base a fórmula da pirâmide invertida.
- *Impressão de página* – oferecer a possibilidade de o usuário imprimir a matéria
- *Links* – dão profundidade à informação. Eles devem ser utilizados a partir de palavras-chave que suscitem a curiosidade, ativem a memória e provoquem uma identificação com o usuário, mas com parcimônia. Podem ser internos ou externos, que apontem para sites que não integram o portal ou site noticiado.
- *Links patrocinados* – devem fazer parte do conteúdo jornalístico, mas não devem ser relacionados ao conteúdo editorial.

- *Listas* – não devem ultrapassar uma tela de computador; o mesmo critério deve ser seguido para publicação de programação de eventos. Recomenda-se que conjuntos extensos de informações sejam divididos em categorias – como semana, mês, campo de conhecimento – que reflitam, em síntese, gradações.
- *Mais buscadas* – destacar as matérias mais buscadas.
- *Mais enviadas* – destacar as matérias mais enviadas por e-mail.
- *Mais lidas* – destacar as matérias mais lidas.
- *Mais publicadas em blog* – destacar as matérias mais publicadas em blogs.
- *Mais votadas* – destacar as matérias mais votadas.
- *Mapas* – orientar o usuário sobre localidades apontadas nas matérias em mapas criados em Flash.
- *MMS* – produzir conteúdo multimídia para ser distribuído via celular.
- *Moblog* – conteúdo para blog via celular.
- *Multimídia relacionada* – disponiblizar áudio, vídeo e imagens referentes ao tema abordado em uma matéria.
- *Newsalerts* – alertas de notícias. Um acontecimento de grande importância é enviado ao usuário cadastrado no banco de dados de um site.
- *Open source* – montar um banco de dados de usuários para participação de conteúdo; criar uma área específica para publicação e definir critérios de remuneração.
- *Ordem lógica* – apresentar o texto em ordem lógica (partir de uma afirmação para se chegar a uma conclusão) e direta (sujeito, verbo e complementos).

- *Pauta* – roteiro para a produção de textos jornalísticos e utilização de recursos multimídia. Deve ter sempre uma hipótese a ser confirmada ou refutada, uma questão principal a ser respondida; deve seguir um planejamento para a produção de textos na Web (ver a pauta detalhada na p. 159):
  - planejar a apresentação da página principal do jornal (título, subtítulo ou história);
  - roteiro de perguntas essenciais que o texto deve responder;
  - recursos multimídia utilizados (áudio, vídeo, imagem e hipertexto);
  - itens relevantes sobre o assunto abordado;
  - histórico dos acontecimentos em questão;
  - histórias semelhantes e fontes;
  - utilização de mapas e gráficos;
  - perfis ou pontos de vista;
  - fontes que devem ser procuradas para o levantamento dos dados (fontes principais e outras fontes);
  - interação do usuário com o fato;
  - participação do usuário na produção do conteúdo.
- *Podcasting* – oferecer texto, áudio e vídeo para download.
- *PDA* – dispor conteúdo no formato para distribuir em palmtops, como notícias, entretenimento ou serviços, por exemplo.
- *Publicar em sua página pessoal* – permitir que o conteúdo seja publicado no site, blog e fotolog do usuário, entre outros.
- *RSS* – oferecer ao usuário a opção de baixar o RSS de todo o portal, de canais específicos ou por temas. Também pode acompanhar anúncios.

- *Slideshow com áudio* – uma crítica de um *show*, por exemplo, pode ser editada a partir de fotos e narração do repórter; o mesmo pode ocorrer com uma entrevista, seqüência de fotos e áudio.
- *SMS* – criar pacotes temáticos de interesse do usuário para envio de textos por celular.
- *Vídeo* – produzir conteúdo em vídeo tendo em vista as características da Web; disponibilizar o vídeo de um telejornal não é jornalismo digital. É a Web como memória da TV.
- *Votação* – o usuário dá uma nota para a matéria mais interessante destacada no site ou portal, como o Digg ou Meneane. Exibir estatísticas de votos nas páginas.
- *Últimas notícias* – oferecer ao usuário os últimos acontecimentos, minuto a minuto.

Produção e edição

Vale destacar que as normas do jornalismo já consagradas não devem ser dispensadas, como: definir importância da notícia, identificação de fotos, cozinhar notícias (reescrever textos publicados em outro veículo de comunicação), classificação das fontes, fugir do bairrismo (apego excessivo a bairro, cidade ou Estado), evitar barriga (publicação de erro de informação), fazer errata (informar ao leitor o erro cometido em um texto), ser plural, apartidário e crítico, recuperar furo (não deixar de publicar informação de outra mídia ou fazer o desdobramento ou suíte).

Seguir regras básicas de entrevistas, como a elaboração de um bom roteiro, ser transparente, ouvir o outro lado em caso de denúncia, fazer repercussão, trabalhar o *off the record*: a) quando a informação é obtida por meio de uma fonte sem cruzar informação; b) informação em *off* cruzada com o outro lado ou pelo menos duas fontes; e c) *off* total, quando o jornalista recebe uma informação que, a pedido da fonte, não pode ser publicada. O *off* total serve apenas para nortear o trabalho. Ver a seguir as regras básicas do jornalismo:[5]

- *Adjetivos* – restringir o uso de adjetivos.
- *Anos e décadas* – deverão ser escritos por inteiro. Não existe 96 como referência a 1996. Quando lidamos com informações, o indicado é referir-se com precisão às datas, ou seja, mesmo que o evento tenha acontecido ontem, mencionar dia, mês e ano. Esses dados são úteis para fazer pesquisas.
- *Apresentação e tipologia* – usar fonte maior que 10 e menor que 14.
- *Aspas* – devem ser utilizadas quando houver necessidade de se atribuir um enunciado a determinada fonte. Recomenda-se que as declarações sejam curtas, no máximo um enunciado de uma linha por parágrafo. O texto eletrônico dá mais autonomia de interpretação ao usuário.
- *Criar uma hierarquia* – editar os destaques na home page ou nos canais a partir da seguinte seqüência: chapéu (palavra-chave que remete ao conteúdo), títulos curtos e atrantes, chamadas concisas, links de aprodunfamento e

---

[5] Para consultar regras básicas do jornalismo, ver *Manual de redação da Folha de S.Paulo* (7ª ed. São Paulo: Publifolha, 2001); *Manual de redação e estilo O Estado de S. Paulo* (3ª ed. São Paulo: Moderna, 1997); *Manual de redação e estilo O Globo* (23ª ed. Rio de Janeiro: Globo, 1996).

fotos ou outros recursos multimídia, além de elementos interativos. Montar módulos de edição.

- *Dividir parágrafos longos em listas de itens destacados* – a segmentação da informação facilita o entendimento.
- *Endereços* – devem ser escritos por extenso, em caixa alta e baixa. Endereços eletrônicos devem ser grafados segundo as normas da Internet.
- *Evitar clichês ou metáforas elaboradas* – o texto fica mais objetivo e facilita o entendimento do ciberusuário.
- *Evitar texto maior que o espaço da tela do monitor* – o usuário pode se perder ao tentar achar o começo e o fim da frase.
- *Fotografia* – utilizar fotos fechadas (imagens que aproximam os objetos ou os personagens) e maiores que 180 × 135 – horizontais (pixels) ou 135 × 180 – verticais (pixels).
- *Gramática* – seguir a regra geral. Evitar sentenças fragmentadas nas quais faltem sujeito ou verbo, a não ser nos títulos ou nas legendas.
- *Horário* – o dia começa a zero hora e termina às 24 horas, ou meia-noite; a madrugada vai de 0h às 6h; a manhã, das 6h às 12h, ou meio-dia; a tarde, das 12h às 18h; a noite, das 18h às 24h. Em cronometragem, use as abreviaturas min e s (2h10min36s).
- *Imprimir o texto para corrigi-lo* – imprimir todos os textos para uma revisão final. Dessa forma, mais erros serão detectados. Ler em voz alta o texto é uma outra técnica para descobrir frases que soam mal e que podem se perder caso as correções sejam feitas diretamente na tela.
- *Lead* – primeiro parágrafo para introduzir o fato ao usuário. Não há uma regra estabelecida para produção jornalística na Web; portanto, é preciso ter bom senso para

escrever. Deve ser privilegiado o *lead* noticioso (o quê, quem, quando, onde, como e por quê) para o factual. O *lead* utilizado em revistas pode ser utilizado na produção de matérias frias.

- *Manchete* – não escrever em maiúscula ou itálico, pois é sinal de exagero. As manchetes devem ser um "gancho" que provoque o usuário a clicar e navegar pelo site do jornal. Pode ter no máximo 45 toques.
- *Modismos* – lugares-comuns devem ser banidos do texto, o que vale também para preciosismos e formas rebuscadas que tentam transmitir mera idéia de erudição.
- *Nariz-de-cera* – típico do texto jornalístico, é perfeitamente dispensável na Internet.
- *Nomes próprios* – evite abreviar.
- *Números* – de um a dez devem ser grafados por extenso. A partir de 11, inclusive, use numerais. Essa regra não vale para datas. Elas são escritas sempre com numeral e não devem ser antecedidas de zero (2/4/1996, por exemplo). Algarismos de 1.000 em diante devem ser pontuados; anos são exceções: 1984, 1996.
- *Palavras estrangeiras* – podem ser escritas em itálico.
- *Parágrafos enxutos* – escrever parágrafos com até 100 palavras; depois reduzi-los a cerca de 55 ou 60 palavras; e, a partir daí, acrescentar blocos de texto que julgar necessários. O espaço de redação na tela não deve ter mais de 75 toques; parágrafos maiores dificultam a leitura na tela. Escrever tendo em vista diminuir ao máximo a rolagem da barra, ou o scroll down.
- *Pedágio* – uso de links externos ou internos (utilizados para destacar canais ou hot sites, por exemplo).

- *Pronomes demonstrativos* – em excesso prejudicam o ritmo do texto; deve-se dar nome às coisas.
- *Pronomes indefinidos* – pronomes como muitos, alguns, diversos, vários devem ser usados apenas em casos extremos, quando não for possível determinar o número expresso pelo fato. Quando for impossível determinar quantidades com precisão, é preferível deixá-las de lado.
- *Repetições* – palavras repetidas podem, muitas vezes, contribuir para a clareza do texto; portanto, é preciso não transformar o receio de repeti-las em preocupação obsessiva.
- *Resenha* – as resenhas devem ser acompanhadas de recursos multimídia para aproximar o usuário do assunto em questão. A resenha de um CD pode conter, por exemplo, um recurso de áudio para que o usuário ouça uma das faixas ou até mesmo um link para que ele possa comprar o produto.
- *Ter em mente usuários internacionais* – rever o uso de palavras ou expressões características da língua portuguesa, tomando cuidado com o emprego de metáforas.
- *Termos simples* – são os mais indicados: votar é melhor do que sufragar; vestibular é melhor do que concurso. Trabalhos científicos não estão sujeitos a essa norma, devendo ser, portanto, de responsabilidade de seu autor.
- *Textos* – os textos devem ser escritos em até dois blocos de cem palavras cada um. Usar sentenças simples.
- *Título de obra* – deve ser grafado em corpo normal, caixa alta e baixa, sendo destacado do restante do texto pelo uso do itálico.
- *Usar a voz ativa* – reduz o número de palavras e atrai mais usuários que tendem a passar os olhos pelo texto.

- *Usar verbos com significado preciso em lugar de locuções* – escrever "decidir" em vez de "tomar uma decisão", ou "usar" em vez de "fazer uso de". Essa técnica não só apresenta a mensagem aos usuários da Web de forma mais vigorosa, como também ocupa menos espaço.

A inclusão dos usuários como parte do processo de produção de conteúdo abre uma série de discussões, que serão detalhadas no capítulo seguinte.

[O usuário que acessa notícias]

Por conta do crescimento do número de pessoas conectadas à Internet depois da criação da World Wide Web, no início dos anos 1990, as empresas de comunicação que investem em conteúdo digital desenvolveram uma série de projetos editoriais e de serviços para ampliar o tráfego de usuários em seus provedores (de conteúdo ou de acesso). Não existe um conceito estabelecido para o usuário de Internet. No dicionário Houaiss, usuário significa "quem possui ou desfruta alguma coisa por direito de uso ou quem usa habitualmente algo". Esse termo passou a ser utilizado, com mais freqüência, pelos institutos que medem a freqüência de navegação nos sites desde a popularização da rede.

No jornalismo digital, pesquisadores como o brasileiro Elias Machado,[1] da Faculdade de Comunicação da Universidade Fe-

[1] Elias Machado Gonçalves, *La estructura de la noticia en las redes digitales: un estudio de las consecuencias de las metamorfosis tecnológicas en el periodismo*, cit., p. 269.

deral da Bahia, em Salvador, o inglês Barrie Gunter,[2] do Departamento de Estudos em Jornalismo da Universidade Sheffield, na Inglaterra, e o argentino Pablo Boczkowski,[3] professor-assistente do Massachusetts Institute of Technology, entre outros, nomearam o leitor da rede como usuário que acessa informações on-line.

Neste livro, adotarei o conceito usuário para definir o sujeito que interage e a fixação dos papéis para esse sujeito que interage com conteúdo on-line, tendo como parâmetro o conceito de função do sujeito na sociedade do discurso, cunhado por Foucault.[4] A Internet é muito mais que uma plataforma de distribuição de conteúdos);[5] e, conectado à Internet, o usuário desempenha vários papéis, entre eles está o de leitor. O conceito de função do sujeito de Foucault contribui para o entendimento da função do usuário no jornalismo digital:

> [...] O discurso, esteja ele relacionado aos rituais da palavra, às sociedades do discurso, aos grupos doutrinários e às apropriações sociais – se constitui espécies de grandes edifícios que garantem a distribuição dos sujeitos que falam nos diferentes tipos de discursos e a apropriação dos discursos por certas categorias de sujeitos. O que é afinal um sistema de ensino senão uma ritualização da palavra; senão uma qualificação e uma fixação dos papéis para os sujeitos que falam; senão a constituição de um grupo doutrinário e menos difuso; senão uma distribuição e uma apropriação do discurso com seus poderes e seus saberes? Que é uma "escritura" (a dos escritores) senão um sistema semelhante

---

[2] Barrie Gunter, News and the Net (Londres: Lawrence Erlbaum Associates Publishers, 2003), pp. 142-164.

[3] Pablo Boczkowski, *Digitizing the News* (Londres: MIT Press, 2004).

[4] Michel Foucault, *A ordem do discurso* (São Paulo: Loyola, 2004).

[5] Javier Echeverría, *Los señores del aire: telépolis y el tercero entorno* (Barcelona: Destino, 1999); Dominique Wolton, *Internet e depois?* (São Paulo: Sulina, 2004).

> de sujeição, que toma formas um pouco diferentes, mas cujos grandes planos são análogos? Não constituiriam o sistema judiciário, o sistema institucional da medicina, eles também, sob certos aspectos, ao menos, tais sistemas de sujeição do discurso?[6]

Ao ampliar para o ambiente on-line a discussão que faz Foucault sobre as funções do sujeito na sociedade, surge a seguinte questão: Não constituiria a participação do usuário na produção de conteúdo para plataformas digitais, sob certos aspectos, um sistema de sujeição do discurso? Pois, conforme o autor, "a doutrina realiza uma dupla sujeição: dos sujeitos que falam aos discursos e dos discursos ao grupo, ao menos virtual, dos indivíduos que falam". Tal ação pode ser observada em sites com sistemas de publicação abertos citados anteriormente, como Slashdot, Independent Media Center e Wikipedia, entre outros, em salas de bate-papo, em programas de comunicação simultânea, em sites de e-commerce como eBay, por exemplo.

A partir das classificações propostas para denominar as fases do jornalismo digital, conforme já foi discutido anteriormente, é possível dividir a função do usuário em quatro ações: 1) usuário que apenas lê; 2) usuário que lê, envia e-mail e sugere pautas; 3) usuário que lê, envia e-mail, sugere pautas e participa da produção de conteúdo (nesta etapa, o colaborador pode ser remunerado ou não); 4) usuário que personaliza o conteúdo por meio de bancos de dados, ao que chamamos de autopersonalização. A autopersonalização se dá por meio da exploração de bancos de dados inteligentes, ou seja, o usuário seleciona o tipo de conteúdo que quer vincular à determinada notícia em vez de receber conteúdos relacionados, mas sem informação. Ou

[6] Michel Foucault, *A ordem do discurso*, cit., pp. 44-45.

um sistema que permita ao usuário perguntar e obter uma resposta adequada às suas demandas.[7]

Ao contrário do que critica o analista de mídia Steve Outing,[8] no site Editor & Publisher, não se trata de "egoísmo ou temor em um jornalista ser substituído por um leitor", mas sim de um modelo de negócio e estratégia editorial definidos. Dos portais ligados à grande imprensa, o Universo On-line (UOL) experimentou a participação do usuário durante a cobertura da guerra em Kosovo, em 1999.[9] Naquele ano, o UOL publicou depoimentos de pessoas que estavam próximas às áreas de conflito (ver p. 79). À época, o jornalista Walter Faceta Júnior escreveu para o jornal *O Estado de S. Paulo*.

> O atual confronto no Kosovo experimenta o uso de uma efetiva e moderníssima arma: a Internet. Com o avanço das tecnologias da informação: habitantes de todos os recantos da Terra, de Paris a Luanda, de Tóquio a Ciudad del Leste, podem participar "efetivamente" do conflito. Á parte dos bombardeios e do deslocamento de tropas, desenvolve-se uma guerra paralela, "democratizada", calcada na difusão caótica de informação e opinião. Qualquer pessoa pode mover seu peão nesse tabuleiro, seja contando sua experiência nas regiões do conflito, seja emitindo suas opiniões ou multiplicando informações. Trata-se de uma Terceira Guerra Mundial da qual muitos podem participar sem levantar o traseiro da cadeira do escritório. Cada um espera tornar-se o Davi na história.[10]

---

[7] Ver Luciana Moherdaui, *O usuário de notícias no jornalismo digital: um estudo sobre a função do sujeito no Último Segundo e no A Tarde On-line*, cit., p. 26.

[8] Steve Outing, *How to Integrate Citizen Journalism into Mainstream News Sites* (Estados Unidos: Editor & Publisher, 19 de novembro de 2004), disponível em http://www.editorandpublisher.com/eandp/columns/stopthepresses_display.jsp?vnu_content_id=1000724065. Acessado em 7 de dezembro de 2004.

[9] Para um estudo mais detalhado do jornalismo de "fonte aberta" na Guerra de Kosovo, ver Jim Hall, *On-line Journalism: a Critical Primer* (Londres: Pluto Press, 2001), pp. 94-128.

[10] Walter Faceta Júnior, *apud* Luciana Moherdaui, cit., p. 31.

O exemplo mais recente do potencial do jornalismo on-line participativo pôde ser evidenciado durante a cobertura da tragédia na Ásia, quando ondas gigantes mataram mais de 275 mil pessoas no final de 2004, segundo informações da agência de notícias Folhapress distribuídas em 26 de janeiro de 2005.[11] Horas após o terremoto, sites publicavam listas de desaparecidos e blogs pessoais mostravam fotos e relatos da dimensão do efeito dos maremotos, antecipando-se a jornalistas de vários países que só chegaram ao local nos dias seguintes. Depois vieram os vídeos – quase todos amadores e muitos deles disponíveis na Internet. Houve uma explosão no número de sites e blogs que ajudaram no trabalho de resgate e, também, a levantar dinheiro para entidades de caridade a uma velocidade nunca vista antes.

Outro fenômeno foi o de pessoas que não estavam no local da tragédia, mas usaram seus blogs para disseminar notícias e vídeos. Sites de entidades de caridade e de ajuda humanitária dos Estados Unidos ficaram congestionados com a quantidade recorde de pessoas físicas com interesse em fazer doações em dinheiro para as vítimas do desastre na Ásia – doações que costumam chegar antes do que as feitas por governos. Até o presidente dos Estados Unidos, George W. Bush, indicou a Internet como um meio de ajuda. Na segunda-feira (3), ele conclamou os norte-americanos a visitar o site da USA Freedom Corps para ver uma lista de entidades confiáveis e fazer doações.[12]

---

[11] Após um mês, total de mortos chega a 275 mil, em *A Tarde On line*, Salvador, 26 de janeiro de 2005, disponível em http://www.atarde.com.br/materia.php3? mes=01&ano=2005&id_materia=3539. Acessado em 18 de setembro de 2006.

[12] Internet tem papel central no pós-tsunami, em *UOL Mundo Digital*, São Paulo, 1º de março de 2005, disponível em http://noticias.uol.com.br/mundodigital/ultimas/2005/01/03/ult8u975.jhtm. Acessado em 18 de setembro de 2006.

É verdade que a participação do sujeito na produção de conteúdo não é uma ação que surge com a criação da Web. Na realidade, a rede amplia tal participação, conforme explica o jornalista espanhol Luis Angel Fernández Hermana:

> [...] El poder sobre los contenidos informativos permanece encerrado en el arca del consejo editorial, cuya llave sólo poseen unos pocos escogidos. Frente a ellos, las redes revolucionan constantemente esta estructura y atraen hacia los nuevos medios informativos una legión de individuos a los que ya no se les puede llamar lectores, porque ellos integran con su propia participación el complejo proceso de elaboración de los contenidos informativos que se difundem a través de la Red. La información digital difiere radicalmente da ofrecida por cualquier otro medio. Nunca, como ahora en Internet (o, más precisamente, en los sistemas de distribución de información entre ordenadores de manera interactiva) há gozado el individuo de tal grado de participación em el movimiento de la información y la opinión. Y nunca ha adquirido un sentido tal de propiedad e interés por el desarrollo del medio.[13]

A mídia brasileira off-line já incluíra o leitor na participação de conteúdo mesmo antes de iniciar a discussão do *open source* ou *participatory* na rede. Emissoras de TV e de rádio, revistas e jornais inserem os cidadãos em sua produção editorial, como a

[13] "[...] O poder sobre os conteúdos informativos permanece restrito ao conselho editorial. Porém, a rede muda constantemente essa norma e atrai para os novos meios informativos uma legião de indivíduos que já não se pode chamar de leitores, pois eles integram com sua participação um complexo processo de elaboração de conteúdos informativos que circulam pela rede. A informação digital difere radicalmente da oferecida por qualquer outro meio. Nunca, como agora na Internet (ou mais precisamente nos sistemas de distribuição da informação entre computadores de maneira interativa), o usuário teve tamanho grau de participação no movimento da informação e da opinião. E nunca adquiriu um sentido de propriedade e interesse pelo desenvolvimento do meio". Luis Angel Fernández Hermana, *Enredando* (Barcelona: Zeta, 1998), p. 73.

Rádio Eldorado, em São Paulo, que recebe diariamente informações sobre o trânsito de ouvintes espalhados pela cidade. Desde 1997, a *Revista da Folha* (do jornal *Folha de S.Paulo*) edita a *Revista do Leitor*, um número inteiramente feito pelos seus leitores. Em 22 de dezembro de 2002, 50 autores foram escolhidos entre quase 3,5 mil inscrições para fechar a última edição do ano da revista, cujo título fora "O leitor também é penta".[14]

O jornal *A Tarde*, em Salvador, também já publicou material produzido por leitores em 12 de outubro de 2003.[15] Em julho de 2004, o jornal baiano criou o Conselho de Leitores, com o objetivo de aproximar o leitor dos jornalistas e do jornal. Nas reuniões são discutidos o formato das fontes, a apresentação das páginas, os enfoques das reportagens e o espaço do leitor.[16] Em meados da década de 1990, o *Correio Braziliense* contratou, para o cargo de *ombudsman*, um leitor que enviava críticas sobre o jornal à redação diariamente, segundo informações do ex-diretor de Redação do *Correio Braziliense*, Ricardo Noblat, em mensagem enviada à pesquisadora, em 31 de janeiro de 2005.[17]

Em janeiro de 2005, a *Folha de S.Paulo* noticiou, por intermédio de um leitor, que a Força Aérea Brasileira (FAB) cometeu um erro ao informar que a aeronave Boeing 707-320c, utilizada pela Presidência da República até 15 de janeiro daquele ano, foi

---

[14] "O leitor também é penta", em *Revista da Folha,* São Paulo, 22 de dezembro de 2002, disponível em http://www1.folha.uol.com.br/revista/inde22122002.shl. Acessado em 18 de setembro de 2006.

[15] "Eles fizeram o jornal", em *A Tarde*, Salvador, 30 de abril de 2003, disponível em http://www.atarde.com.br/materia.php3?mes=10&ano=2003&id_materia=1696. Acessado em 18 de setembro de 2006.

[16] Adalício Neto, "Jornalistas ouvem o conselho dos leitores", em *A Tarde,* Salvador, 3 de outubro de 2004. A Tardinha, pp. 4-5.

[17] Ricardo Noblat, Publicação eletrônica [entrevista]. Mensagem recebida por lucianamoherdaui@uol.com.br em 31 de janeiro de 2005.

construída em 1958. Conforme apontou o leitor, por e-mail, à redação daquele jornal, na realidade, a aeronave fora construída em 1968. "A aeronave da FAB, um KC-137, foi fabricado pela Boeing como 707 em 1968 [...], o avião tem número de série 19840, tendo realizado o primeiro vôo em 16 de fevereiro de 1968."[18] O jornal checou a informação com outras fontes e publicou a matéria tendo o leitor como fonte principal.

Em mais uma iniciativa de criar mecanismos de colaboração participativa, o UOL reformulou, em 25 de abril de 2005, a estação de informática do portal e lançou o Painel do Leitor,[19] espaço de interesses de seus leitores. O canal, que passou a se

[Reprodução do UOL Tecnologia de 27 de abril de 2005. Fac-símile da home page do canal UOL Tecnologia (http://tecnologia.uol.com.br/).]

---

[18] A. Flor & I. Dantas, "Sucatão é 10 anos mais novo que o divulgado", em *Folha de S.Paulo*, São Paulo, janeiro de 2005, disponível em http://www1.folha.uol.com.br/fsp/brasil/fc1501200504.htm. Acessado em 18 de setembro de 2006.

[19] Leitores sugerem, e o UOL Tecnologia escreve, em *Universo On-line*, São Paulo, abril de 2005, disponível em http://tecnologia.uol.com.br/painel/ultnot/2005/04/26/ult2895u1.jhtm. Acessado em 18 de setembro de 2006.

chamar UOL Tecnologia, publica, às quartas-feiras, uma reportagem com base nas sugestões, dúvidas, dicas e críticas deixadas no Mural.

A expansão da tecnologia digital muda o sistema de produção e de distribuição da notícia e facilita a descentralização, que pode obedecer a um planejamento por demandas específicas por público. Com a inclusão dos usuários como fonte ou como produtores de informação, percebe-se uma reorganização da forma histórica da prática jornalística,[20] ao contrário do que ocorre no modelo tradicional, que consiste em uma atividade coordenada ao longo do processo realizado unicamente por jornalistas.

Um gênero do jornalismo que lança mão dos cidadãos para levantar pautas é o jornalismo cívico, cujo termo surgiu no início dos anos 1990, a partir da crítica à produção voltada aos lucros e à audiência. As discussões iniciaram com um grupo de jornalistas do The Kettering Foundation e da Syracuse University, do qual fazia parte o pesquisador Jay Rosen, da New York University, autor dos primeiros artigos sobre o tema.

O jornalismo cívico defende a participação do cidadão na produção de conteúdo e tem como objetivo fazer os jornais ampliarem o contato com a comunidade.[21] Em 1995, outro importante pesquisador sobre o assunto, o jornalista norte-americano David Merritt, escreveu *Public Journalism and Public Life*, que se tornou referência ao tema. Merritt partiu da constatação de que o jornalismo americano está em crise, entendendo-se

---

[20] Elias Machado, *La estructura de la noticia en las redes digitales: un estudio de las consecuencias de las metamorfosis tecnológicas en el periodismo*, cit., p. 271.

[21] Para saber mais sobre jornalismo cívico, ver David Merrit, *Public Journalism and Public Life* (Nova Jersey: Lea, 1998); Theodore Glasser, *The Idea of Public Journalism* (Nova York: Guilford Press, 1999); Jay Rosen, *What Are Journalists for?* (New Haven: Yale Univesity Press, 1999).

que essa crise se refere à democracia e que o público se desinteressou dos jornais e da política, e a credibilidade dos cidadãos para com as instituições enfraqueceu de uma maneira preocupante. Por conta disso, Merritt propõe uma mudança no jornalismo e no modo de trabalho de cada jornalista, não apenas para mudar algumas práticas, mas, também, para repensar o próprio papel do jornalismo numa democracia moderna.[22]

Pesquisadora de jornalismo cívico, a professora Jan Schaffer, diretora do J-Lab – Instituto de Jornalismo Interativo da Universidade de Maryland, nos Estados Unidos, defende a produção descentralizada e afirma que o cidadão é a fonte mais importante de uma matéria.

Os cidadãos podem escrever artigos ou sugerir matérias. Há jornais de comunidades produzidos por cidadãos em pequenas cidades dos Estados Unidos. Temos os blogs, que são escritos por pessoas que não são necessariamente jornalistas. Obviamente que há regras definidas no jornalismo, mas na Internet qualquer um pode escrever. Por que não poderiam? A Internet permite uma comunicação global e isso facilita muito a discussão de temas de interesse social. Uma forma de garantir a credibilidade da informação que chega às redações digitais por meio dos usuários é ter um arquivo organizado daqueles colaboradores.[23]

A mudança da intermediação entre jornais e público acarreta a transformação do processo de produção – captação, apuração, processamento e circulação. No ambiente digital, essa

---

[22] Jornalismo público, em *Observatório da Imprensa*, São Paulo, 1º de maio de 2002, disponível em http://observatorio.ultimosegundo.ig.com.br/artigos/voz010520027.htm. Acessado em 18 de setembro de 2006.

[23] Luciana Moherdaui, *O usuário de notícias no jornalismo digital: um estudo sobre a função do sujeito no Último Segundo e no A Tarde On-line*, cit.

mudança ocorre de três modos, conforme defende o pesquisador argentino Boczkowski: a) em vez de ser centralizada no jornalista, a informação passa a ser cada vez mais centralizada no usuário; b) várias vozes contam sobre um mesmo fato; e c) foco microlocal, conteúdo com base no interesse de pequenas comunidades, definido por interesses comuns e localidade geográfica.

A inclusão do público como fonte coloca, na agenda da pesquisa sobre o campo jornalístico, um aspecto até agora negligenciado pelos códigos de ética do jornalismo convencional: as responsabilidades dos internautas das redes como fontes para os jornalistas. Ação que não ocorre no jornalismo convencional, porque a notícia que chega ao público depende de uma negociação direta entre jornalistas e fontes, cabendo ao leitor, ouvinte ou telespectador a função de consumidor dos conteúdos.[24] Na rede, essa lógica muda. O usuário também assume a função de co-autor em alguns casos.[25] Na Web, as histórias podem ser contadas em formatos participativos e que envolvem os usuários de maneira diferente de assistir à TV, ouvir rádio ou ler uma revista ou um jornal impressos.

Para Murray,[26] um mundo narrativo, no ambiente digital, com densidade e continuidade temporal extraordinárias é mais imersivo e tem mais capacidade de reforçar um fato do que no modo convencional, ou seja, redefinem-se as experiências e os

[24] Elias Machado, *O ciberespaço como fonte para os jornalistas*, em GT de Jornalismo da Associação Latino-americana de Pesquisadores em Comunicação, disponível em http://www.facom.ufba.br/jol/pdf/2002_goncalves_ciberespacofonte.pdf. Acessado em 18 de setembro de 2006.

[25] Javier Díaz Noci, *La escritura digital: hipertexto y construcción del discurso informativo en el periodismo eletrónico*, cit., p. 181.

[26] Janet H. Murray, *Hamlet no Holodeck: o futuro da narrativa do ciberespaço*, cit.

lugares de leitura, pois a linguagem hipermídia presente nos ambientes imateriais do ciberespaço inaugura uma nova maneira de ler.[27] No entanto, completa Murray, é preciso desenvolver convenções bem definidas para navegar e participar da produção no ciberespaço. Pergunta a autora: 1) Devemos permitir movimentos tanto para trás quanto para a frente no tempo?; 2) E a movimentação por meio de um mesmo instante de tempo? 3) Como essas serão escolhas ditadas pelos elementos da história, não haverá uma resposta única, mas toda narrativa terá de indicar ao usuário, em detalhes, se é ou não permitido, a fim de não levantar falsas expectativas.

É possível ampliar o questionamento de Murray, porque há de se definir ainda: 4) Em qual editoria de um jornal digital pode haver a participação do público ou o material deve ser publicado em uma editoria separada?; 5) Como criar laços de afinidade com esse leitor; 6) Os colaboradores devem passar por um programa de treinamento?; 7) Os colaboradores devem ser remunerados por matérias como ocorre com os *freelancers*, ou deveriam receber uma espécie de incentivo, como, por exemplo, assinatura do jornal?

No Brasil, um dos projetos no qual o jornalismo participativo funciona de maneira eficaz é o *Observatório da Imprensa (OI)* – www.observatoriodaimprensa.com.br. Criada em 1997, a revista eletrônica que faz análise da mídia migra as cartas dos leitores para as edições editoriais após serem analisadas pelos editores do site, segundo explicou o editor Victor Gentilli no V Congresso Ibero-americano de Jornalismo na Internet, em novembro de 2004, na Faculdade de Comunicação Social da Universidade

[27] Giselle Beiguelman, *O livro depois do livro* (São Paulo: Peirópolis, 2003), p. 18; Lucia Santaella, *Navegar no ciberespaço* (São Paulo: Paulus, 2004), pp. 55 e 177.

Federal da Bahia (Facom/Ufba). "O *Observatório* é textual e recusa o hipertexto".

"O site se apropria da escrita da nossa maneira de pensar. É uma revista na Internet", define. Quando surgiu, o *OI* contava com três colaboradores e produzia dez matérias quinzenalmente. No último levantamento, feito em 2001, o número de colaboradores havia chegado a 44 e o número de artigos publicados cresceu para 75 por semana. O *OI* tem uma equipe fixa remunerada de oito pessoas e um grupo de 12 colaboradores que recebem por colaboração. Esses jornalistas aparecem no expediente do *OI*. Sobre a participação dos leitores, entre 50% e 70% do conteúdo das edições refere-se a artigos enviados por usuários, que reconhecem no site um fórum adequado para se manifestar sobre a mídia.[28]

O jornalista Ricardo Noblat faz um depoimento importante sobre a participação do usuário na produção de conteúdo para a rede:

> O erro cometido no jornal ou na revista tem muitos pais. No blog, ele é só seu. Não dá para pôr a culpa no repórter, no editor que mudou o que você escreveu ou no diagramador que por descuido baixou a penúltima versão de sua matéria. O leitor do blog não quer nem saber: baixa o pau no que você escreve. E as críticas dele, procedentes ou não, ficam registradas. Eu, pelo menos, não as elimino. Se o fizer, estarei na contramão do espírito democrático da Internet. E elas aparecerão novamente. Não tem jeito. O blog ensina também a levar mais em conta o gosto dos leitores. Eles manifestam com clareza sua preferência por determinados assuntos. E, a não ser que a audiência seja algo que pouco lhe importe, você acabará levando em conta o gosto do seu público. É reduzido o grupo de leitores que comentam as notícias – no caso do meu blog, algo como uns 60 a 80. Eles

[28] Luis Egypto, Publicação eletrônica (entrevista), mensagem recebida por lucianamoherdaui@uol.com.br em 7 de abril de 2005.

> usam nomes falsos e, às vezes, se valem de vários nomes. Mas os que comentam são muito ativos. E gostam de colaborar com o blog apurando notícias. Eu me empenho em valorizar a contribuição deles. Não raro, pinço comentários de uns e de outros e os destaco no espaço principal do blog. Privilegio comentários que divergem dos meus. E respondo à maioria das perguntas ou provocações que me fazem. Disse há pouco que o blog ensina a levar mais em conta o gosto do público. Bem, nem por isso você deve se render a ele. A minoria dos leitores que escreve no blog não representa em todas as ocasiões o gosto médio do total da audiência. No caso do meu blog, ela se divide entre os que atacam e os que defendem com paixão o PT e o governo Lula.[29]

Os blogs são "uma fantástica ferramenta para publicar informação", define a pesquisadora americana Nora Paul, diretora do Institute for New Media Studies at the University of Minnesota, em entrevista ao jornal peruano *El Comercio*, em 6 de maio de 2005. "Se estima que cada 7,8 segundos aparece um nuevo weblog en el mundo y su presencia genera interés de todos porque permite crear categorias, almacenar datos multimedia y el uso de un software personalizado."[30]

No jornal chileno *Las Ultimas Noticias* (www.lun.com), a pauta de reportagens é decidida em função do número de cliques que cada assunto recebe no site do jornal. O interesse do leitor substituiu a agenda diária. O sistema está em vigor desde 2002 e causou polêmica entre jornalistas, comunicólogos e executivos da imprensa chilena, porque ele coincidiu com uma espantosa recuperação do primo pobre da rede de jornais da família

---

[29] Ricardo Noblat, "Jornalismo 24 horas. O que um blog pode ensinar", cit.

[30] Solo el 15% de la información en línea aparece en los buscadores, em *El Comercio*, Lima, 6 de maio de 2005, disponível em http://www.elcomercioperu.com.pe/ecenre/html/2005-05-06/Articulos0302019.html. Acessado em 18 de setembro de 2006.

Edwards. *Las Ultimas Noticias* simplesmente saltou da obscuridade para o primeiro lugar em vendas, em menos de três anos – superando inclusive o seu co-irmão, o vetusto *El Mercúrio*.

As pautas são desdobradas com base nas estatísticas fornecidas pela equipe de informática do jornal. A quantidade de cliques nas matérias publicadas na rede, cujo conteúdo é idêntico ao da versão impressa, indica se haverá desdobramento no dia seguinte. O responsável pelo projeto é o vice-presidente da Empresa Mercúrio, Augustín Edwards Del Rio, 51, o mais jovem da família Edwards, que ocupa, no Chile, uma posição semelhante a da família Marinho no Brasil.[31]

Na Espanha, o jornal espanhol gratuito *Qué!* (http://www.quediario.com), lançado recentemente pelo Grupo Recoletos, é totalmente produzido por leitores. O jornal é distribuído em mais de 11 cidades espanholas, muito mais que seu concorrente, *Metro and 10 Minutos*, e a participação dos usuários se dá por meio de blogs postados naquelas localidades. O jornal não tem política de remuneração para colaboradores, como o *OhmyNews* (http://english.ohmynews.com/), cujo valor da remuneração é determinado pela produção.[32]

O *Qué!* intitula-se o primeiro jornal produzido somente por leitores, cujos textos são publicados na versão impressa e na online depois de editados pela equipe do jornal. Os blogs são classificados em nove seções e os editores recebem grande quantidade de matérias diariamente. Para participar, o usuário precisa criar um blog. O cadastro é grátis. No site do jornal, há uma página que

[31] Carlos Castilho, "Notícia e interatividade social", em *Observatório da Imprensa*, São Paulo, 18 de maio de 2004, disponível em http://www.observatoriodaimprensa.com.br. Acessado em 18 de setembro de 2006.

[32] Dan Gillmor, *Whe the Media: Glassroots Journalism by the People, for the People* (Estados Unidos: O'Reilly Media, 2004), p. 129.

explica como usar a ferramenta. O internauta pode enviar texto ou foto. O melhor conteúdo fica destacado na primeira página do jornal. Entretanto, o sistema de blog individual não permite que o editor altere informações, pois o acesso é restrito ao público, ao contrário do que ocorre no *Observatório da Imprensa*, no qual o conteúdo passa, necessariamente, por uma revisão.

Seguindo a mesma tendência, estão os principais provedores de informação do país, que pela classificação proposta anteriormente estão na terceira fase da função do usuário, que é a de ler, enviar e-mail e participar da produção do conteúdo (remunerado ou não). Em 2005, o jornal *O Estado de S. Paulo* criou o FotoRepórter,[33] um canal para receber fotos de interesse jornalístico enviadas por qualquer pessoa, por meio de telefones celulares ou computadores via e-mail. A idéia do FotoRepórter nasceu após os atentados de 7 de julho em Londres, quando as imagens registradas por cidadãos comuns em seus telefones móveis inundaram a Internet e a seguir foram estampadas nas páginas dos principais jornais e revistas de todo o mundo. *O Estado de S. Paulo* exige cadastro para participar. O leitor pode enviar imagens por MMS, celular ou por e-mail. É o único trabalho de open source remunerado no país.

Já em 2006, o *O Globo On-line* criou o Eu-Repórter,[34] área de interação com o usuário. Para participar, é preciso preencher um cadastro. Só os internautas validados pela equipe de *O Globo* podem enviar conteúdo – o material pode ser em texto, áudio e vídeo. No mesmo ano, o iG abriu ao cidadão a participação na produção de seu conteúdo. Sob o título Minha Notícia, o mun-

---

[33] Para saber mais, ver http://www.estadao.com.br/ext/fotoreporter/index.htm. Acessado em 18 de setembro de 2006.

[34] Para saber mais, ver http://oglobo.globo.com/participe/. Acessado em 18 de setembro de 2006.

do é de quem faz,[35] o internauta tem de criar um e-mail do iG para enviar material. A edição é feita pela equipe do portal.

O Terra anunciou, também em 2006, o Vc repórter,[36] um canal de jornalismo participativo do portal. O Terra também exige cadastro de usuários e aceita texto, áudio, imagens e vídeos.

Os exemplos citados anteriormente, do jornal espanhol *Qué!* ao Terra, mostram como é possível criar uma rede descentralizada de produção de conteúdo tendo como base aspectos geográficos.

Há ainda sites como os da rede inglesa BBC e da Agência Brasil que permitem aos usuários editar e alterar os verbetes por meio de uma patente que se chama Creative Commons.[37] Trata-se de uma organização que regulamenta licenças de produções intelectuais. Seus idealizadores acreditam que autores de obras podem decidir se elas serão ou não usadas ou alteradas. Processo semelhante ocorre com a Wikipedia,[38] enciplopédia virtual constituída a partir da colaboração participativa.

Outro serviço interessante de open source é um experimento realizado pelo Center for Citizen Media,[39] que envolve a postagem de mensagens via SMS diretamente sobre um mapa. O sistema poderia ser utilizado em situações de emergência, como desastres naturais ou atentados. A idéia básica é a seguinte: mensagens SMS, enviadas a uma central por meio de celula-

---

[35] Para saber mais, ver http://minhanoticia.ig.com.br/como_participar.html. Acessado em 18 de setembro de 2006.

[36] Para saber mais, ver http://www.terra.com.br/vcreporter/. Acessado em 18 de setembro de 2006.

[37] Para saber mais, ver http://www.creativecommons.org. Acessado em 18 de setembro de 2006.

[38] Para saber mais, ver http://www.wikipedia.com.

[39] Para saber mais, ver http://citmedia.org. Acessado em 18 de setembro de 2006.

res com um endereço, seriam automaticamente colocadas no mapa, com a indicação e a hora em que o fato ocorre. O tempo do acontecimento de um fato, da produção, da distribuição, da circulação e da leitura serão discutidos a seguir.

[Reprodução do canal Eu-Repórter, do *Globo On-line.*]

O CONCEITO DE TEMPO PARA O USUÁRIO

Em geral, os leitores lêem jornais impressos pela manhã (porque os recebem naquele horário); os leitores de revistas semanais o fazem nos finais de semana (porque elas chegam às bancas no sábado ou no domingo); os espectadores de jornais na TV o assistem em um horário determinado pela emissora (as chamadas grades de programação); os ouvintes de rádio também escutam a programação pela manhã ou quando estão dirigindo (também seguidos pela programação das rádios).

Tendo em vista tais ações, podemos afirmar que o tempo do usuário é o tempo presente[40] ou local,[41] no qual o internauta acessa um portal noticioso, ainda que haja uma lógica cronológica na produção e na distribuição do conteúdo. O conceito de tempo defendido pelo geógrafo Milton Santos contribui para o entendimento do que é tempo:

> Por tempo, deve-se entender grosseiramente o transcurso, a sucessão dos eventos e sua trama. Por espaço, vamos entender o meio, o lugar material da possibilidade dos eventos. Por mundo, entendamos a soma, que é também síntese, de eventos e lugares. A cada momento, mudam junto o tempo, o espaço e o mundo. De tal modo que a nossa tarefa é a de aprender e definir o Presente, segundo essa ótica. [...] A percepção pela sociedade e pelo individuo do que é esse espaço depende da forma de sua historicização, e esta resulta em grande parte dos progressos nos transportes e nas comunicações, na construção do tempo social.[42]

O tempo e o espaço são construções sociais que se dão como referência aos atores sociais de determinados locais. Harold Innis[43] alerta que o estudo da imprensa mostra que a tradição escolástica de insistência no conceito de tempo como um contínuo e uniforme quantitativo – desconsiderando o caráter plural que a categoria assume – colabora para obscurecer as diferenças qualitativas e a descontinuidade dos processos sociais. Innis afir-

---

[40] Carlos Eduardo Franciscato, "Os usuários do jornalismo on-line: hábitos, percursos e experiências de leitura em tempo real", em Encontro Nacional de Pesquisadores em Jornalismo (SBPJor), Salvador, 2004. CD-ROM.

[41] Manuel Castells, *Sociedade em rede* (6ª ed. São Paulo: Paz e Terra, 2002), p. 528.

[42] Milton Santos, *Técnica, espaço e tempo: globalização e meio técnico-científico informacional* (4ª ed. São Paulo: Hucitec, 1998), p. 41.

[43] Harold Innis *apud* Elias Machado, *O ciberespaço como fonte para os jornalistas*, cit., pp. 68-69.

ma que o aumento da velocidade da comunicação tem efeitos de longo alcance sobre os monopólios do tempo, devido aos impactos provocados no sistema econômico. "O desequilíbrio criado pelas mudanças tecnológicas em comunicação golpeia o coração do sistema econômico com profundas conseqüências para o estudo das crises no mundo dos negócios [...]."[44]

O modelo de Innis apresenta enorme flexibilidade de aplicação, porque, operando como metáfora para verificar a contribuição de uma tecnologia para continuidade de uma civilização, evita o risco de desconectar o tempo da noção de lugar, como ocorre em trabalhos como o de Castells, que defende que o espaço de fluxos de comunicação, característico das redes telemáticas, condensa de forma sincrônica as ocorrências localizadas em pontos distanciados na geografia do planeta.[45]

O tempo da circulação das informações é atemporal, termo adotado por Castells para definir o fluxo de informações que circulam no ciberespaço, que independe de aspectos cronológicos ou geográficos. Entretanto, o tempo atemporal é apenas uma forma dominante emergente do tempo social na sociedade em rede, porque o espaço de fluxos não anula a existência de lugares. Sendo assim, a cultura da virtualidade real associada a um sistema multimídia eletronicamente integrado, conforme defende Castells, contribui para a transformação do tempo em nossa sociedade de duas formas diferentes: simultaneidade e intemporalidade.

Castells explica o conceito de tempo na rede:

[44] Manuel Castells, *Sociedade em rede* (6ª ed. São Paulo: Paz e Terra, 2002), p. 528.

[45] Manuel Castells *apud* Elias Machado, *O ciberespaço como fonte para os jornalistas*, cit., p. 70.

> Somos o tempo personificado, e também o são nossas sociedades, formadas pela história. De fato, a transformação do tempo sob o paradigma da tecnologia da informação, delineado pelas práticas sociais, é um dos fundamentos de nossa sociedade, irremediavelmente ligada ao surgimento do espaço de fluxos. Todo tempo, na natureza como na sociedade, parece ser especifico a um determinado contexto: o tempo é local.[46]

O tempo da leitura é diferido do tempo da produção e da circulação do conteúdo on-line. A produção e a circulação acompanham uma ordem cronológica, mesmo que haja uma ruptura de periodicidade ou *deadline*,[47] ao contrário do que ocorre na mídia tradicional, e o ato de ler não precisa necessariamente seguir essa lógica. A escrita estabelece um tempo diferido (assíncrono) entre a emissão e a recepção da mensagem, ou seja, o intervalo de tempo entre a ocorrência do fato e seu acontecimento. Se as enciclopédias organizaram o conhecimento humano por ordem alfabética, a mídia eletrônica fornece acesso à informação, expressão e percepção de acordo com os impulsos do consumidor ou decisões. Pois, o tempo se dá pelos homens. O tempo concreto dos homens é a interpretação particular do tempo por cada grupo, cada classe social, cada indivíduo.[48] Ao que se refere à produção de conteúdo, o conceito de tempo também está no âmago das novas formas organizacionais de atividade econômica, como a empresa em rede. Formas flexíveis de gerenciamento, utilização contínua de capital fixo, desempenho intensificado de trabalhadores, alianças estratégicas e conexões interorgani-

---

[46] Manuel Castells, *Sociedade em rede*, cit., p. 523.

[47] Javier Díaz Noci, *La escritura digital: hipertexto y construcción del discurso informativo en el periodismo eletrónico*, cit., p. 93.

[48] Milton Santos, *Técnica, espaço e tempo: globalização e meio técnico-científico informacional*, cit., p. 83.

zacionais, tudo isso promove a compreensão do tempo de cada operação e a aceleração da movimentação de recursos. O novo gerenciamento do trabalho com enfoque no tempo poderia ser chamado, como sugere John Urry, "trabalho *just in time*".[49]

O tempo da distribuição, ainda que cronológico, segue a lógica da produção, a da atualização contínua,[50] ou seja, na medida em que os fatos acontecem e são devidamente apurados e checados, a informação é publicada na rede e distribuída a diversos canais (ver p. 60). O *Último Segundo*, por exemplo, foi criado sob a ótica da velocidade da atualização da informação. A partir dessa lógica, ampliou-se o conceito de atualização nos portais brasileiros. Já com os americanos não ocorre o mesmo. Relatório State of Media 2006, divulgado pelo Journalism.or, aponta que os sites jornalísticos americanos levam em conta a importância da notícia para destacá-la ou para publicá-la e os compara ao Google News, site de notícias da Google em que o conteúdo é atualizado por um software que hierarquiza a informação por ordem de busca.

Na época em que foi criado, o *Último Segundo*[51] adotou a atualização contínua como meta primordial para afirmar um diferencial na produção e disponibilização de notícias. O jornal *Último Segundo* estreou, de forma experimental, no final de dezembro de 1999, antes mesmo do lançamento do próprio portal iG, em ja-

---

[49] John Urry *apud* Manuel Castells, *Sociedade em rede*, cit., pp. 528-530.

[50] Javier Echeverría, *Los señores del aire: telépolis y el tercero entorno*, cit., p. 314; Elias Machado, *La estructura de la noticia en las redes digitales: un estudio de las consecuencias de las metamorfosis tecnológicas en el periodismo*, cit., pp. 62-71; Marcos Palacios, *apud* Elias Machado, *Modelos de jornalismo digital*, cit., pp. 33-51); Javier Díaz Noci & Ramón Salaverria, *Manual de redacción ciberperiodística* (Barcelona: Ariel, 2003), p. 70.

[51] Milton Santos, *Técnica, espaço e tempo: globalização e meio técnico-científico informacional*, cit.

neiro de 2000, com a proposta inovadora de oferecer acesso gratuito à Internet. O site disponibilizava uma notícia nova a cada 90 segundos (ou em intervalos ainda menores), totalizando cerca de mil notícias por dia, envolvendo, diretamente, uma equipe de 50 profissionais, entre redatores, editores e repórteres.

A busca exacerbada de atualização executada pelo *Último Segundo* se defronta com dois componentes da noção de atualidade jornalística, conforme a experiência histórica do jornalismo: a periodicidade e a novidade. Oferecer notícias a cada 90 segundos, 24 horas por dia, sete dias por semana significou uma alteração concreta na noção de periodicidade. O jornal não tem mais uma "edição" que é encerrada e disponibilizada em conjunto. Esta característica geral do jornalismo digital valorizando a produção e veiculação de conteúdos em fluxo contínuo alcançou um padrão intensificado com o *Último Segundo*.[52]

Seib faz uma consideração importante a respeito da velocidade *versus* qualidade ao perguntar: "Cobrir um evento ao vivo é excitante. Mas isso é um bom jornalismo?"

> A tarefa mais importante do jornalismo on-line é adaptar-se ao fascínio da velocidade de transmissão de informação. O julgamento contínuo da notícia está ameaçado pela ênfase na velocidade. A disponibilidade imediata de uma notícia pode vir a ser considerada como mais importante que sua relevância.[53]

O autor critica, ainda, a cobertura ao vivo, seja na TV, seja na Web. Para ele, a transmissão 24 horas de qualquer informação

[52] Carlos Eduardo Franciscato, "As novas configurações do jornalismo no suporte on-line", em *Revista de Economia Política de las Tecnologías de la Información y Comunicación*, vol. VI, nº 3, set.-dez. de 2004, p. 32.

[53] *Apud* Luciana Moherdaui, "Getting the news right in a real-time, On-line world", em *Pauta Geral*, Salvador, 2003, pp. 295-299.

promove a espetacularização da notícia. "A notícia transforma-se em uma série de eventos pitorescos e impressionantes por causa do imediatismo. A informação chega aos telespectadores aos pedaços. A cobertura ao vivo não é jornalismo, é voyeurismo", ataca. "O jornalismo é um processo – obter informação, analisar a veracidade e importância para buscar informação complementar e divulgá-la a fim de torná-la útil ao leitor–telespectador–ouvinte."

Para Wolton,[54] é preciso distinguir três momentos ao reportar um fato: aquele do evento e da informação, o da análise e o da explicação, e o da ação em relação ao fato (política ou militar). O autor alerta para a urgência em distinguir, claramente, a velocidade do evento e da informação da indispensável lentidão.

Ampliando a discussão que faz o sociólogo francês, conclui-se que o tempo no jornalismo digital está dividido em cinco momentos: a) tempo do acontecimento do fato; b) tempo da produção, incluindo a análise e ação em relação ao fato ocorrido; c) tempo da distribuição; d) tempo da circulação; e e) tempo da leitura. Essa diferenciação justifica-se, pois sempre há uma duração em um ato de comunicação.

O computador, na seqüência da televisão, que por sua presença nos lares já reduzia os deslocamentos, acentua pela rapidez esta idéia de uma possível diminuição das exigências do tempo, dando uma impressão de comprimi-lo até quase anulá-lo. Navegar na rede, certamente, toma muito tempo, mas existe uma desproporção tamanha entre o volume daquilo a que se tem acesso e o tempo transcorrido, e se entra, assim, em uma

[54] Dominique Wolton, "Terrorismo e comunicação política", em *Revista Espiral*, São Paulo, 1º de dezembro de 2001, disponível em http://www.eca.usp.br/nucleos/njr/espiral/ciberiaa9.htm. Acessado em 14 de novembro de 2006.

outra escala de tempo. O tempo das novas tecnologias é linear, homogêneo, racional, enquanto o tempo do ser humano é descontínuo e diferenciado.[55] Milton Santos explica essa diferença:

> Pode-se falar de tempo único da cidade, ou de um tempo único regional, como se falaria de um tempo universal único? Grupos, instituições, indivíduos convivem juntos, mas não praticam os mesmos tempos. O território é na verdade uma superposição de sistemas de engenharia diferentemente datados, e usados hoje, segundo tempos diversos. As diversas estradas, ruas, logradouros, não são percorridos igualmente por todos. Os ritmos de cada qual – empresas ou pessoas – não são os mesmos. Talvez fosse mais correto utilizar aqui a expressão temporalidade em vez da palavra tempo.[56]

As sociedades contemporâneas ainda estão em grande parte dominadas pelo conceito de tempo cronológico, descoberta categórica/mecânica que E. P. Thompson considera, entre outras coisas, importantíssima para a constituição do capitalismo industrial. Em termos materiais, a modernidade pode ser concebida como domínio do tempo cronológico sobre o espaço e a sociedade, tema desenvolvido por Giddens, Lash, Urry e Harvey.[57]

O tempo é crucial para a geração de lucros em todo o sistema. É a velocidade da transação, às vezes com programação computacional automática para tomadas de decisão quase instantâneas, que gera o ganho – ou a perda. Mas, também, é a

[55] *Ibid.*, pp. 103-104.

[56] Milton Santos, *Técnica, espaço e tempo: globalização e meio técnico-científico informacional*, cit., pp. 45-46.

[57] Giddens *et al.*, *apud* Manuel Castells, *Sociedade em rede*, cit., p. 525.

circularidade temporal do processo, uma seqüência implacável de compras e vendas, que caracteriza o sistema. A arquitetura do sistema global financeiro de fato é construída com base em fusos horários com Londres, Nova York e Tóquio, ancorando os três turnos do capital, vários centros financeiros não ortodoxos, influenciando as pequenas discrepâncias entre os valores de mercado na hora da abertura e do fechamento.[58] Um modo de gerenciar lucros e prospectar negócios é criar sistemas precisos de aferição de audiência, como será discutido no próximo tópico.

Aferição da audiência

Com o advento da Web, a mídia passou a ser estruturada por uma base de banco de dados,[59] que desempenha três funções simultâneas e complementares: a) como interface para acesso aos conteúdos; b) como espaço para apresentação de narrativas multimídia; e c) como formato para organização de conteúdos.[60] Em nosso trabalho, acrescentaremos a quarta função: d) como mecanismo para mapear os usuários por meio de metadados, indexando e classificando dados – que servirá de base para nossas proposições, conforme apresentaremos a seguir.

1) Conteúdo pago – quando se trata de conteúdo pago, é mais fácil organizar um banco de dados complexo porque, geralmente, o arquivo está constituído pelas seguintes variáveis: faixa etária, renda, escolaridade, sexo, geografia e profissão. A partir dessa estrutura, é possível ordenar também aqueles assinantes por pessoa física e pessoa jurídica,

---

[58] Manuel Castells, *Sociedade em rede*, cit., p. 528.
[59] Lev Manovich, *The Language of New Media* (Massachusetts: MIT Press, 2000).
[60] Elias Machado, *Banco de dados como formato no jornalismo digital*, cit.

acesso à banda larga e à banda estreita, assinatura de conteúdo ou do provimento à rede. Desse modo, teremos um cadastro mais recortado dos usuários e será possível escolher o *corpus* da pesquisa, dependendo do tipo de estudo. Por esse método, é possível, por exemplo, analisar usuários que assinam conteúdo e usam banda larga para identificar se o uso de recursos multimídia é válido para esses internautas e oferecer informação diferenciada.

2) Conteúdo gratuito – No caso do conteúdo gratuito, é possível levantar diversas variáveis por meio do endereço de correio eletrônico do usuário, obviamente tendo o e-mail como ponto de partida. Ao conectar-se a um site noticioso cujo conteúdo é grátis ou ao visitar a área gratuita de um portal informativo, seria ideal a exigência de um login (identificação do usuário), ou pelo preenchimento de um cadastro como ocorre no site do jornal americano *The New York Times* ou para acessar a versão impressa dos brasileiros *O Globo* e *O Estado de S. Paulo*. Mesmo tendo lançado em setembro de 2000 o iG Censo para recadastrar sua base de usuários, o iG exige login para acessar o conteúdo apenas dos usuários cadastrados no portal. Quem acessa o iG de outro provedor não precisa efetuar o login. A área gratuita de *O Globo* também passou a solicitar identificação em 2006, e o *Estadão* só pede identificação a usuários que navegam pela área de conteúdo impresso do Grupo Estado, como os jornais *O Estado de S. Paulo* e o *Jornal da Tarde*. A exigência de login é feita agora para o open source no iG, Terra e Globo On-line.

Esse tipo de levantamento, em geral, é feito por institutos de pesquisa conceituados, como o NetRatings, nos Estados Unidos, o Ibope eRatings, o Datafolha e o Marplan, entre outros, no Brasil. Tais institutos mapeiam o leitor que acessa notícias de jornais, revistas, rádio, televisão e Internet. Os dados aferidos norteiam campanhas publicitárias e, também, a produção de conteúdo jornalístico, pois o *publisher* de um veículo de comunicação tem como mensurar a aceitação de seu produto no mercado e saber o que o usuário quer, de fato, ler. Inclusive há, atualmente, softwares que podem ser instalados em computadores para rastrear comportamentos de leitores, mas não substituem a interação direta entre o instituto de pesquisa e o internauta.

É verdade que as pesquisas refletem uma situação de momento. Mas é possível relacionar o leitor por meio de amostra definida por variáveis estabelecidas em determinado meio de comunicação e tipo de conteúdo, considerando a real distribuição de uma população de cada unidade de uma federação, desde que haja um banco de dados complexo que permita esse cruzamento de informações. A data de publicação e a data de realização de uma pesquisa são muito importantes para uma avaliação, pois a distância entre ambas pode tornar o resultado defasado.

Na Internet, por exemplo, há dois métodos de sistemas de aferição: amostragem e medida exata. No Brasil, o Instituto Ibope eRatings utiliza um painel de 5 mil pessoas para medir o acesso a sites noticiosos de todo país. O sistema é chamado *user centered*, pois utiliza uma amostra e verifica toda a sua ação em sites. Outra alternativa de aferição é a utilizada pelo Webtrends: o *site centered*, que analisa toda a ação nos sites. O método do Webtrends não consegue detectar o que fazem os usuários que não visitam os sites.

O levantamento do Ibope refere-se à audiência única – computadores diferentes que acessaram aquele conteúdo pelo menos uma vez no mês. A pesquisa é feita em domicílios, não engloba empresas e não mostra as ações do público nos sites acessados. Uma pesquisa mais detalhada pode ser feita em cada site, separadamente, pelo cadastro de usuários,[61] no qual pode-se levantar amostra estratificada por sexo, região, renda, idade e escolaridade.

Também é possível rastrear o comportamento do internauta por meio de uma leitura das mentes de interface gráfica,[62] ou seja, um software que rastreia padrões de uso e os coteja com relações de consumidores. Entretanto, é preciso que o internauta permita a instalação desse tipo de rastreador. O software Alexa[63] faz conexões ou rastreamentos com base em padrões na seqüência de cliques de um mouse. O programa foi criado em 1996 e utiliza tecnologia do tipo filtragem colaborativa ou *collaborative filtering*[64] para construir conexões em sites, com base em tráfego

---

[61] Ver os *sites* dos jornais *O Globo*, www.oglobo.com.br, e *Lance*, www.lancenet.ig.com.br, que exigem que o usuário faça um cadastro com dados pessoais e tenha um login e uma senha para acessar o conteúdo.

[62] Steven Johnson, *Emergência: a dinâmica de rede em formigas, cérebros, cidades e softwares* (Rio de Janeiro: Jorge Zahar, 2003).

[63] Em 1996, o engenheiro formado pelo Massachusetts Institute of Technology (MIT), Brewster Kahle, criou dois projetos: o Internet Archive e o Alexa Internet. Em 1999, o Alexa foi comprado pela amazon.com e tornou-se o principal colaborador do Archive, organização não-governamental que recebe apoio de fundações, de empresas e do governo dos Estados Unidos. Com a colaboração dos usuários, que votam nas melhores páginas e as indicam a outros internautas, o Alexa analisa tendências de uso da Internet e fornece informações detalhadas sobre qualquer site do mundo além de *ranking* dos sites, links relacionados e acesso a arquivos de páginas e à Enciclopédia Britânica.

[64] Filtragem colaborativa é o processo de recomendação de informações com base na análise da similaridade entre a opinião de um determinado usuário e um grupo de usuários presentes em um sistema. Para se realizar a análise da similaridade, é preciso checar os pesos dos documentos envolvidos no processo de análise, que são definidos a partir da avaliação dos usuários e traduzem a importância daqueles arquivos. A técnica da filtragem colaborativa possui duas funções principais: filtrar as informações com a finalidade de retornar ao usuário somente no contexto determinado e reco-

de usuários. O resultado dessa tecnologia é exibido na opção de menu de sites relacionados, na maioria dos navegadores de hoje. Essas conexões são feitas ao se observar os padrões de tráfego e procurando seus vizinhos.

O software aprende observando o comportamento dos usuários: se visitarem o Feed e depois seguirem para o Salon, o Alexa começa a perceber uma conexão entre os dois sites, que pode ser enfraquecida ou fortalecida à medida que mais comportamentos são rastreados.

Um estudo mais detalhado poderia ser feito por meio de pesquisa com amostragens específicas, pois sistemas como Webtrends e Alexa, por exemplo, não permitem a interação direta com o usuário, ou melhor, a comunicação direta com o público, mas a interação indireta, que ocorre quando um programa rastreia as ações do internauta.

Outra problemática é que o Alexa, ao contrário do que defende Johnson, é tido como spyware, ou software espião, pela maioria das empresas de segurança de Internet no mundo. Um firewall, medida de segurança que protege dados contra esse

mendar o mesmo resultado para usuários que possuam interesses em comum. A filtragem colaborativa pode ser dividida em três etapas: 1) encontrar os usuários vizinhos, ou seja, encontrar usuários com interesses em comum; 2) processar avaliações registradas, ou seja, recuperar avaliações feitas pelos usuários e processar um algoritmo em comum para encontrar o grau de similaridade entre um determinado usuário e seus vizinhos; 3) aplicar a predição – a partir das informações anteriores, o algoritmo é capaz de realizar suposições de determinados assuntos. Quando o MIT desenvolveu o primeiro software de recomendação no começo da década de 1990, levou o nome de filtragem colaborativa pelo engenheiro Patti Mães. Ver Carlos Augusto F. Oliveira & Josiane Fabíola T. Reis, *Filtragem colaborativa: uma forma de personalizar informações*, Salvador, 2004, disponível em http://www.cientefico.frb.br/Impressa/Info/I.3.Oliveira,CAF.%20FiltragemColaborativa.pdf. Acessado em 18 de setembro de 2006.

tipo de programa, pode excluir o sistema de rastreamento do Alexa, o que torna a aferição inexata ou pouco confiável (o Alexa será discutido mais detalhadamente a seguir).

O *The New York Times*, por exemplo, solicita a identificação do público para mapeá-lo, o que permite, segundo afirma Barbara Rice,[65] diretora de pesquisa do Times, "criar uma relação e aproximar-se dos usuários". Bárbara explica, ainda, que o banco de dados contribui para produzir conteúdo, nortear o formato dos anúncios e a edição multimídia. Entre os sites estrangeiros que pedem login estão: *Chicago Tribune, Los Angeles Times, Dallas News, Wall Street Journal* e *Washington Post*. No Brasil, *O Estado de S. Paulo*, o *Jornal da Tarde*, a *Folha de S.Paulo*, o *Lance!* e *O Globo* têm modelos de negócios com base em acesso pago. Por meio desse critério é possível, também, analisar as funções do usuário que lê na rede.

Há ainda as chamadas pesquisas receptivas, em que a aferição se dá pela autenticação do usuário em um site e pelo tipo de conteúdo que ele acessa. Seu comportamento é mapeado quando ele se conecta ao site e percorre os canais. É possível saber temas de mais interesse, horário de navegação e tempo de conexão em cada área do portal, por exemplo.

Já o Google rastreia o usuário a partir de uma análise de seqüência de cliques. Esse processo é feito pela avaliação semântica de palavras-chave utilizadas na busca e até mesmo do conteúdo das páginas indicadas. Com isso, coleta dados sobre buscas para construir o seu perfil único de buscas. Isso se chama *data mining* e é exatamente o mesmo processo usado na

[65] J. D. Lasica, "Targeting Readers the Old-fashioned Way", em *The New York Times*, On-line Journalism Review, Los Angeles, 27 de junho de 2002, disponível em http://www.ojr.org/ojr/lasica/1025226881.php. Acessado em 18 de setembro de 2006.

amazon.com para oferecer "livros relacionados" e "sugestões de compra". Ou seja, ao fazer uma busca no Google, o sistema identifica em suas bases de dados propagandas que mais se adequam à pesquisa feita. Esse processo também pode ser utilizado para mapear o usuário. Basta definir as variáveis que se quer identificar. O Google possui algoritmos de *data mining* que conseguem caracterizar o padrão de uso do internauta.

Mesmo tendo um banco de dados de pessoas que produzem conteúdo e um sistema que permita o autogerenciamento, é preciso levar em consideração que a edição de um jornal é hierarquizada, ou seja, é necessário estabelecer normas para produção e publicação no espaço digital, pois não é verdade, como defende Pavlik, que a grande mudança da velha mídia para a nova mídia seja a escolha e o controle. Não no caso do jornalismo digital. Jornais como o coreano *OhmyNews*, que já conseguiu reunir 30 mil colaboradores, e o site Slashdot, também baseado em conteúdo feito por usuários, têm seu conteúdo filtrado e monitorado por uma equipe de editores, pois

> [...] em toda sociedade, a produção do discurso é ao mesmo tempo controlada, selecionada, organizada e redistribuída por certo número de procedimentos que têm por função conjurar seus poderes e perigos, dominar seu acontecimento aleatório.[66]

[66] Michel Foucault, *A ordem do discurso*, cit., pp. 8-9.

[Anexos]

Entrevistas

Para fundamentar este estudo, foi feita a seguinte pergunta por e-mail a diversos professores, pesquisadores e jornalistas (um total de 19 pessoas): jornalismo digital, mistura de sons, imagens e textos produzidos para a Internet, um veículo tão instantâneo quanto o rádio, mais ágil que a TV e com possibilidades de detalhamento dos fatos tal qual a mídia impressa. Como devemos escrever notícias para a Web?

As respostas dos entrevistados estão reproduzidas a seguir.

- O editor da área acadêmica do Observatório da Imprensa, Victor Gentilli, defende que não há receita para escrever notícias on-line.

Quando você pergunta como escrever para a Web, supõe existir uma receita. É até possível que, num primeiro momento, surjam receitas, mas pessoalmente não acredito. A Internet é um suporte que se modifica com uma velocidade fantástica. Creio que será ainda durante um bom tempo basicamente um veículo de grande experimentação.

■ O jornalista Hélio Freitas, coordenador editorial da Origin Brasil Ltda., também acredita que não há fórmula que possa ser aplicada à Web.

Não existe uma fórmula que possa ser aplicada à produção do texto jornalístico para a Web. A atividade jornalística dentro do contexto da Internet, e especificamente da Web, ainda preserva todos os princípios consagrados pela imprensa. Não é possível escapar à objetividade, à clareza e à concisão.

■ Mas a jornalista Inmaculada Moretón defende a criação de um guia de estilo Web.

O editor de textos para a Web deve compreender o meio para o qual ele escreve e estar familiarizado com todas as possibilidades que a Internet oferece. Criar um guia de estilo para a Web. Isso é imprescindível para dar unidade ao produto que se oferece como, por exemplo, tratar o leitor de "você", a tipografia (tamanhos e fontes) e o design da página, entre outros. Definir a audiência do site e estar preparado para escrever corretamente para uma audiência internacional. O usuário de nosso informativo é universal já que pode acessar a rede de qualquer lugar do planeta, o tratamento dado à informação deve ser aberto. Definir claramente os meios de acesso às notícias que oferece em suas páginas. Estrutura e design. O leitor deve encontrar com facilidade os conteúdos que procura quando se conecta à nossa página. É muito importante não frustrar as expectativas do internauta.

■ O jornalista e professor universitário Ricardo Alexino, que considera que a Internet possibilita informações múltiplas sobre vários fenômenos e propõe a utilização de caixas de diálogos.

No caso do jornalismo digital, essas possibilidades deveriam estar organizadas na forma de caixas de diálogos e uma ampla utilização de outros recursos como imagens, textos e sons. Tudo à disposição do usuário. Nesse sentido, a Internet seria uma vantagem em relação aos demais meios, uma vez que ela possibilitaria concentrar todas as demais linguagens em si mesma, e sendo acessada e manipulada conforme a vontade do "leitor–ouvinte–telespectador".

■ A jornalista Luciana Marinelli acredita que a fórmula básica não deve ser diferente dos outros meios.

A fórmula básica não é muito diferente dos outros meios: ser claro, conciso e muito objetivo. Como os textos têm de ser curtos – ninguém tem paciência nem tempo de ler matérias intermináveis na tela do computador – é fundamental desmembrar a notícia em várias notas, encontrando bons leads para todas elas. O compromisso permanente do jornalista – ser o primeiro, mas, antes de tudo, ser correto – é elevado à enésima potência, já que a necessidade do jornalismo on-line de transmitir as notícias rapidamente, de preferência no momento em que acontecem, aumenta a chance de erros.

■ O jornalista Edson Rossi, redator-chefe da revista *Elle*, afirma que há duas formas de jornalismo na Internet: informação em tempo real e transposição integral. Para ele, o jornalismo on-line deve ser pensado e produzido com o fim específico de publicação para a rede.

Há duas formas de jornalismo na Internet. A primeira delas é a informação puramente on-line, em tempo real. A segunda são os sites de veículos, especialmente da mídia impressa, jogados na Internet. São sites que só reproduzem o conteúdo das publicações de mídia impressa, muitas vezes sem adaptar a forma em papel aos padrões da Internet. Não são, portanto, produtos pensados para a rede, para uma nova mídia. O jornalismo pela Internet só ganhará importância e vida própria – e, conseqüentemente, os tão esperados anunciantes – quando for pensado e produzido com o fim específico de publicação pela rede.

■ O jornalista Matinas Suzuki Jr. acredita que a dinâmica do jornalismo digital permite uma multiplicidade de linguagens.

O maior valor do jornalismo na Internet, nessa sua fase de implantação, é a instantaneidade. As notícias precisam ser produzidas e distribuídas em prazo curtíssimo. O jornalismo impresso e o jornalismo eletrônico do rádio e da TV têm, como característica comum, a periodicidade. O jornalismo on-line não tem periodicidade, a sua dinâmica é determinada pelos acontecimentos que merecem ser noticiados. Ele também não tem restrições de tempo e de espaço. Outra característica importante é que o jornalismo on-line permite uma multiplicidade de linguagens.

■ O jornalista Luciano Martins sugere que devemos relatar fatos na Web de forma não-linear, privilegiando recursos adequados ao meio.

Devemos descrever as notícias de maneira não-linear e com todos os meios disponíveis/adequados. Quando falo em meios disponíveis/adequados, refiro-me ao uso inteligente da tecnologia. Se tivermos uma história sobre um conflito entre um grupo de sem-terra e policiais, é muito mais informativo que coloquemos junto com o texto alguns registros sonoros que ajudem a entender a extensão e tensão presente na história. Se dispusermos de imagens, claro que elas irão enriquecer a reportagem, mas tudo deve ser usado com bom senso e de forma complementar, para que cada usuário faça sua escolha.

■ Luciano vai ainda mais longe e diz que é preciso ter repórteres que se habituem a pensar de maneira abrangente, e que saibam trabalhar em parceria com o técnico e o designer.

O importante, como ressalta o jornalista e escritor Gabriel García Márquez, é saber contar bem a história. Ele quer dizer que cada fato impõe seu próprio estilo, e eu acrescento que, no caso da Internet, cada história a ser contada impõe também o recurso tecnológico mais adequado.

Precisamos ter repórteres que se habituem a pensar de maneira abrangente, multimídia, e que saibam trabalhar em parceria com o desenhista do ambiente no qual a história vai ser exibida e com o técnico que vai operar os recursos de edição e exibição.

■ O jornalista Heródoto Barbeiro, âncora da rádio CBN/SP, também aposta na utilização de recursos multimídia para escrever notícias on-line.

Creio que as notícias devem ser escritas se utilizando de todos os recursos disponíveis na Internet. Obviamente respeitando-se a especificidade do público-alvo e do tipo de noticiário que se quer transmitir. De outro lado, se for uma publicação eletrônica de grande velocidade, apenas para informações superficiais, creio que bastam algumas linhas com o principal conteúdo da notícia. O uso de cada um desses recursos depende de que tipo de informação se pretende difundir.

■ Opinião semelhante tem o pesquisador Marcos Palacios, um dos pioneiros no estudo sobre jornalismo on-line no Brasil.

Devemos escrever notícias para a Web levando em conta as peculiaridades desse ambiente comunicacional, tirando o máximo proveito dele. Se for para apontar o que eu considero as mais importantes "peculiaridades", eu diria: não limites cronoespaciais para a produção da notícia, ao contrário dos meios tradicionais, limitados pelo espaço (jornal, revista, etc.) ou tempo (rádio, TV); caráter multimídia da Web; interatividade (pelo menos potencial); memória (arquivos on-line), coisa que a imprensa tradicional não tem; "linkagem", permitindo todo o tipo de aprofundamento que se queira oferecer ao usuário.

■ Para o jornalista Alexandre Secco, editor da revista *Veja*, o que muda é a forma pela qual as notícias são editadas.

Eu penso que a questão não é exatamente como escrever, mas sim como organizar e como apresentar aquilo que se escreve. Explico. O texto não literário deve seguir umas poucas leis: clareza, acurácia gramatical e concisão. Essas leis também servem para a Internet, para CD-ROM e para qualquer coisa. O desafio das mídias que carregam megadoses de informação é construir caminhos eficientes entre esses bancos de dados (que se supõe que sejam bem escritos) e o usuário.

■ A jornalista Maria Ercília considera que a notícia na Web pode ser mais bem contextualizada.

Não acho que seja necessário redigir de forma muito diferente para a Web. O texto em si continua o mesmo. A relação dele com seu entorno é que muda – a notícia na Internet pode ser mais bem contextualizada. Podemos explorar sua relação com o passado, dando informações de fundo e listando reportagens anteriores sobre o mesmo tema. Podemos atualizá-la com grande freqüência, maior até que na TV (só não maior que no rádio).

Todas as mídias têm limites físicos – na TV e no rádio é o tempo, o dia tem 24 horas e nunca vai ter mais. Na mídia impressa é o espaço, a quantidade de papel usada estabelece o limite. Na Internet simplesmente não há esse limite. Um site pode ser atualizado centenas de vezes e a informação pode chegar a ocupar um volume enorme, sem grande aumento de custo. O limite acaba sendo dado pela capacidade e pela disponibilidade das pessoas que alimentam o site.

■ Crawford Kilian, professor de redação on-line do Capilano Community College, no Canadá, diz que os textos para a Web devem ser escritos com blocos de texto de até 100 palavras cada um.

Fiz um estudo na Europa e nos Estados Unidos com leitores para escrever meu livro, *Writing for the Web*, e observei que as pessoas dificilmente lêem mais que dois blocos de texto – de até 100 palavras. O período não deve ultrapassar 75 toques. É importante conseguir que o leitor saiba o máximo lendo o mínimo para que os outros atrativos da página não o dispersem e o texto consiga levá-lo a outros níveis. As pessoas que não têm o hábito de leitura não devem ser ignoradas e sim atraídas para sua página.

■ Para o ex-coordenador de mestrado da Pontifícia Universidade Católica (PUC-SP), Filadelfo Meneses (morto em julho de 2000), o jornalismo digital ainda está preso às raízes do jornal impresso; ele alertava sobre a necessidade de conferir as informações que chegam pela rede.

Os cuidados com as notícias em redes digitais devem ser os mesmos que se têm com o rádio e a TV: a velocidade e a quantidade das informações que nos chegam é imensa, já que se multiplicam as fontes de notícia, portanto, o primeiro cuidado é com a ética da checagem da fonte e da veracidade da informação. Segundo, a questão da seleção dessas notícias, já que num mundo em que tudo se informa rapidamente, e numa tecnologia em que a memória de tudo parece poder se cristalizar, o papel do jornalista é o de ser um analista simbólico.

Por fim, a invenção de uma linguagem digital para o jornal deve passar pela colaboração direta entre quem escreve e quem pensa a linguagem dessas novas mídias, procurando escapar da força centrípeta do texto, buscando a exploração da oralidade e de novas formas de interação entre imagem e texto, que não se reduza a uma relação meramente ilustrativa (texto/imagem).

■ O jornalista Fernando Bortolin, editor-chefe da Agência Dinheiro Vivo (serviço de informação econômica e negócios em tempo real), escreve para a Web como se estivesse num veículo impresso.

O estilo de texto a ser empreendido, evidente, depende muito do tipo de usuário que estará navegando em seu endereço. Regra geral, vale a imposição de estilo simples, explicativo e informativo, com tabelas, gráficos e links diversos identificados no próprio texto em que a pessoa está lendo. Por ter uma dinâmica fora do comum, o texto da Web exige mais acuidade visual e gramatical, um cuidado maior do profissional. No meu caso, textos de economia, escrevo como se estivesse num veículo impresso, mas adapto essa prerrogativa (sic) às artimanhas e recursos da TV e do rádio.

■ O ex-editor da *Veja On-line*, Nilson Vargas, diz que a construção da notícia no site é a antítese do estilo *hot news* de portais:

Tentamos nos diferenciar pelo texto, pela amplitude da notícia, pela consulta a mais fontes, por um conjunto rico de links para reportagens de *Veja*, de outras publicações, sites especializados, etc. No noticiário diário, o conceito é de produzir em torno de quinze notícias por dia. *Grosso modo*, e guardadas as diferenças, a idéia é fazer uma *Veja* por dia. As quinze notícias devem ter o ecletismo temático que a edição semanal da *Veja* tem. Devem cobrir o essencial e abrir o leque para outros temas. A construção da notícia é a antítese do estilo *hotnews* de portais. Não queremos ser os primeiros nem "carimbar" presença em 100% dos fatos do dia. Mas queremos ser os mais completos naquilo que noticiarmos. As decisões sobre as notícias em que vamos investir no dia partem de um misto de planejamento e decisão tomada "no ato".

■ O jornalista Eduardo Natário, professor da disciplina de Jornalismo On-line do curso de Comunicação Social da Universidade Santa Cecília, em Santos/SP, acredita que, em muitos casos, devemos privilegiar o clássico lead na Web.

Quando se fala de texto linear talvez a forma direta, clara e objetiva ainda deva ser mantida em primeiro plano. Em muitos casos, o lead ainda pode ser o formato ideal. No entanto, sabemos que a maioria das notícias que nos chegam pelos jornais Web ainda aparecem no formato de títulos com hyperlinks (por e-mail, jornais no formato push ou consulta por "pescaria"). O aprofundamento da notícia pode seguir um formato não-linear, mas cabe ao jornalista selecionar o material para complementar a notícia.

▪ Para Victor Gentilli, do *Observatório da Imprensa*, a Internet amplia as condições de escolha e, portanto, torna a função de seleção muito mais necessária.

Quando você adjetiva o jornalismo com a expressão digital, define o suporte: Internet, com todos os seus recursos. Creio que a Internet oferece condições nunca vistas antes para a prática do jornalismo. A Internet amplia *ad infinitum* as possibilidades de escolha. A função de seleção torna-se muito mais necessária. O desenvolvimento tecnológico tende a ampliar consideravelmente o *gap* hoje já existente entre potencialidade do suporte e desenvolvimento das técnicas.

▪ O jornalista Nelson Breve, repórter da Agência Estado da sucursal de Brasília/DF, diz que as notícias devem ocupar o espaço de uma tela de computador.

As notícias devem ser concisas. Do tamanho de uma tela de computador. Mesmo que os textos sejam longos, devem ser divididos por blocos ou retrancas. É difícil escrever pensando no público da Internet, que é muito diversificado. Portanto, a linguagem pode ser simples, se você quer atingir um universo mais amplo, ou especializada, se a opção for por um leitor segmentado ou qualificado.

▪ O jornalista Bruno Rodrigues, diretor da Conjunto de Idéias, empresa que desenvolve textos para a Web, diz que a resposta é simples e óbvia:

A rapidez, instantaneidade e agilidade da Web criam um novo atributo para a indústria da notícia, que é a atualização imediata. Para existir, ela precisa ser constante – e obrigatória. O leitor quer ou não ler uma notícia mais aprofundada? A resposta é simples e óbvia: depende do que ele está procurando. Se o objetivo é a notícia pura e simples, ele não irá muito além do lead. Se a idéia é saber mais, ele irá procurar mais informações, e o jornalista não pode ignorar essa demanda. A solução? Ofereça a notícia – e depois vários links, com dados adicionais.

- Para o professor de pós-graduação em Comunicação da Universidade Metodista de São Paulo (Umesp), Adolpho Carlos F. Queiroz, uma boa isca para fisgar leitores é construir títulos convidativos.

Não se discute a força que uma imagem ou um som tem de forma superior à linguagem escrita. Ela é suporte de identificação para as demais formas de comunicação. Um som sozinho pode comunicar, uma imagem sozinha pode comunicar igualmente. Mas a aliança dos sentidos para referendar as suas respectivas presenças numa tela deverá ser feita necessariamente pela linguagem escrita, que, a meu juízo, no panorama virtual, terá que ser curta, objetiva, direta. Pensar em boas iscas para a leitura é começar por bons títulos.

- O professor Darrell Champlin, um dos idealizadores do jornal-laboratório *On-line Unisanta*, da Universidade Santa Cecília (Santos/SP), afirma que seus leitores passam cerca de sete minutos navegando pelo *On-line*, o que indica que os textos na Web devem ser relativamente pequenos.

Bem, nossa experiência indica que devemos manter os textos relativamente pequenos, mas recheados de links para o próprio leitor aprofundar-se no tema de escolha. Em geral, procuramos incentivar nossos redatores a ter links em todas as instituições e produtos mencionados, e até mesmo inserir e-mails. Outro fator importante nessa produção é a inserção de arquivos de vídeo e de som para oferecer ao leitor alternativas ao texto. Nossas estatísticas demonstram que os leitores passam uns sete minutos no jornal por acesso. Isso significa que, se as matérias forem curtas, um número maior poderá ser lido.

Pesquisas

Quatrocentos e trinta e seis internautas responderam a um questionário entre 17 de abril e 4 de maio de 2001 sobre leitura e produção jornalística na Web. Dada a dificuldade em comprovar estatisticamente – no Brasil e em qualquer outro país – quem é o leitor de notícias on-line –, vale dizer que o resultado apresentado a seguir aponta indícios sobre o perfil desse universo.

Perfil da amostra

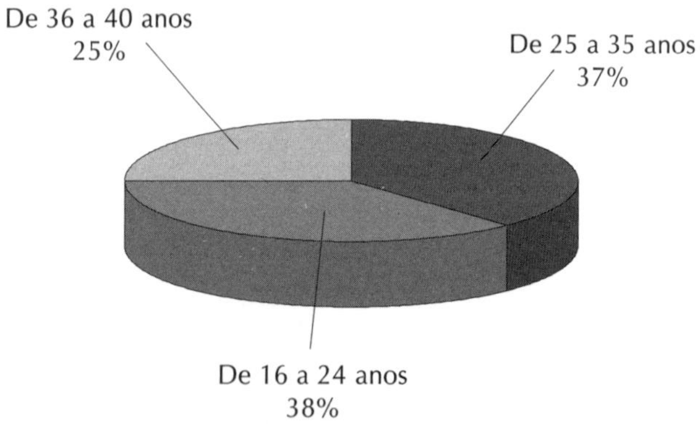

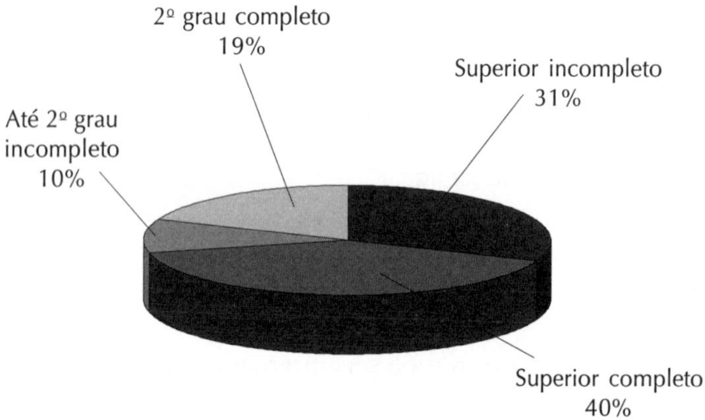

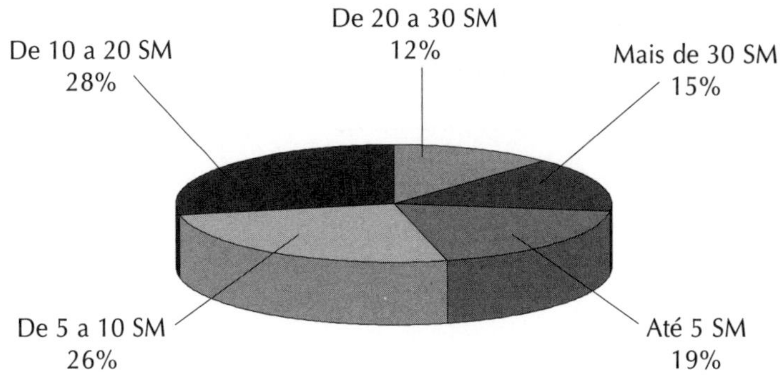

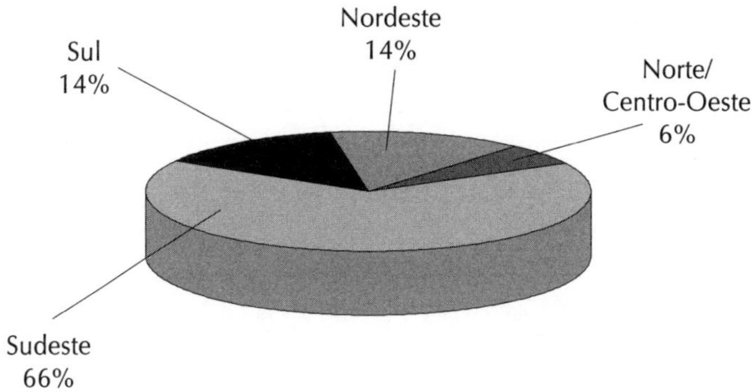

O que a Internet oferece de mais importante? (em %)

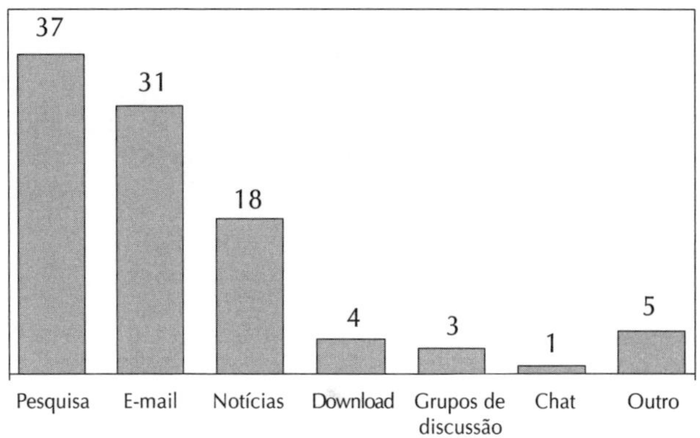

Assina algum jornal impresso? (em %)
41% assinam jornal impresso

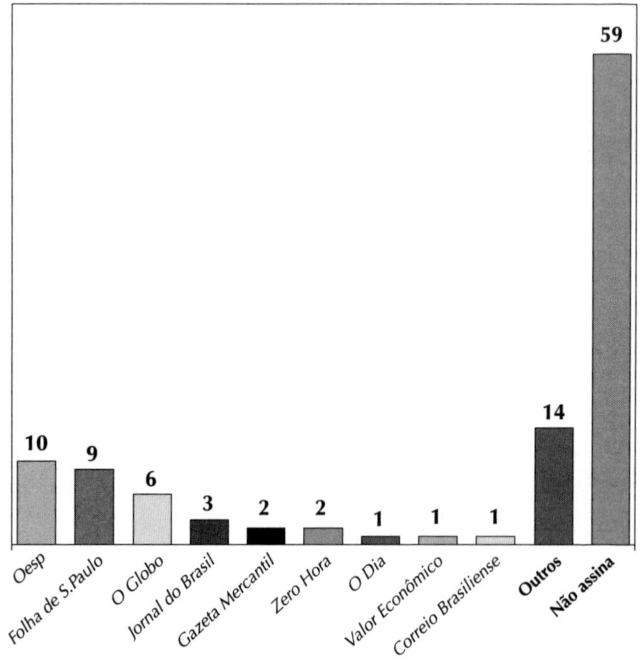

Assina alguma revista? (em %)
58% assinam revista impresso

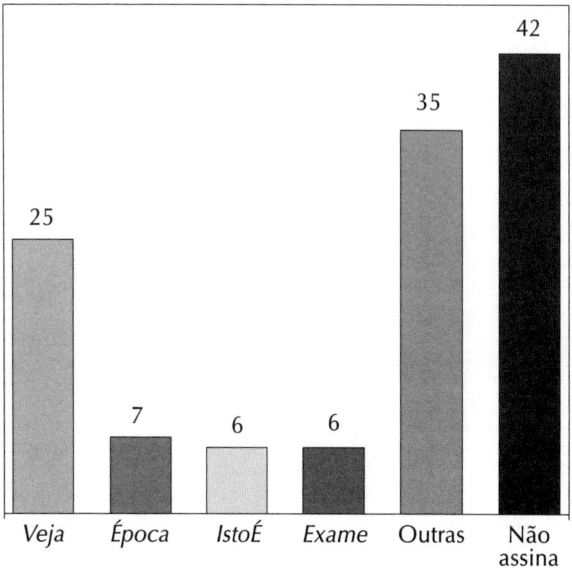

Lê algum jornal on-line? (em %)

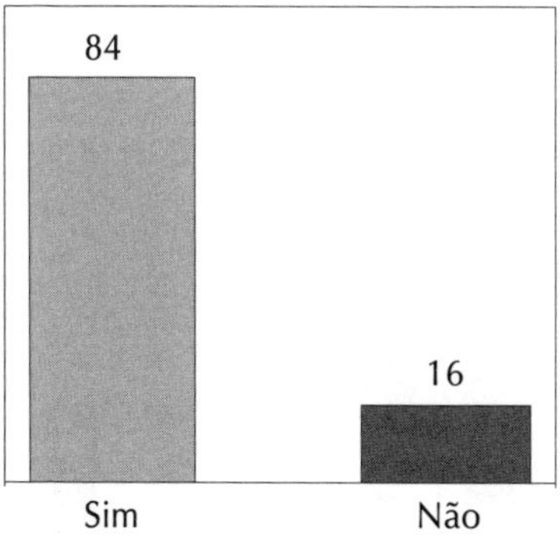

Somente para quem lê jornais na rede
Quais jornais lê na Web? (em %)
Lê pelo menos dois jornais na rede

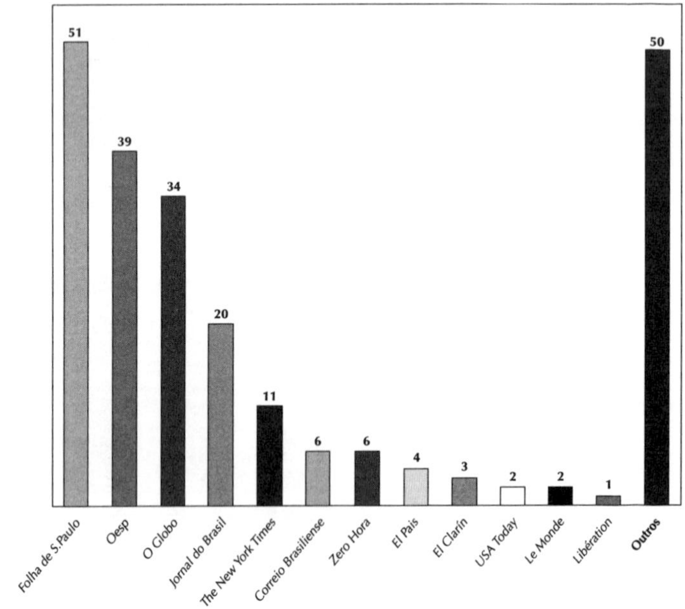

Somente para quem lê jornais na rede
Assuntos que procura na Web (em %)
Lê pelo menos três assuntos na rede

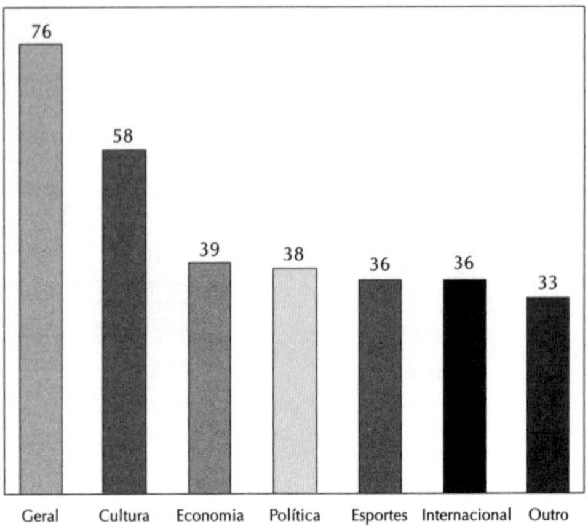

Somente para quem lê jornais na rede
Tempo médio de leitura na rede

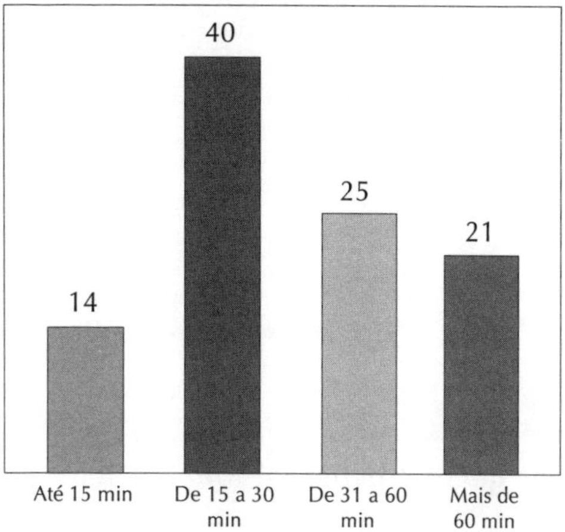

Somente para quem lê jornais na rede
Depois que passou a utilizar a Internet (em %)
57% mudaram o hábito depois que passaram a utilizar a Internet

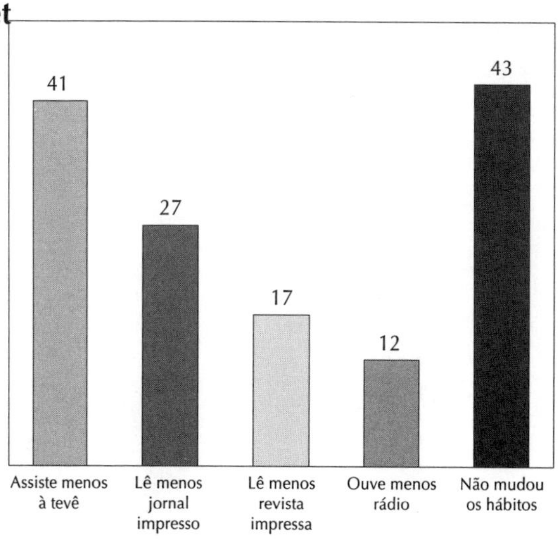

Quando recebe uma notícia pela Internet, você procura informação mais detalhada em outros veículos?

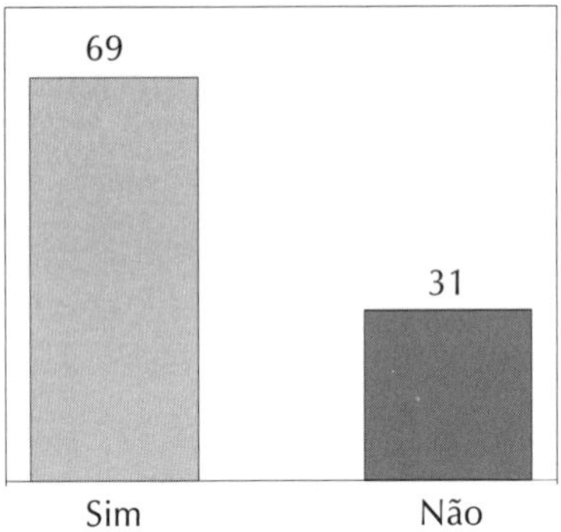

Somente para quem procura informação mais detalhada pela Internet
Onde costuma procurar? (em %)
Consultam pelo menos 2 outros meios para obter informação mais detalhada

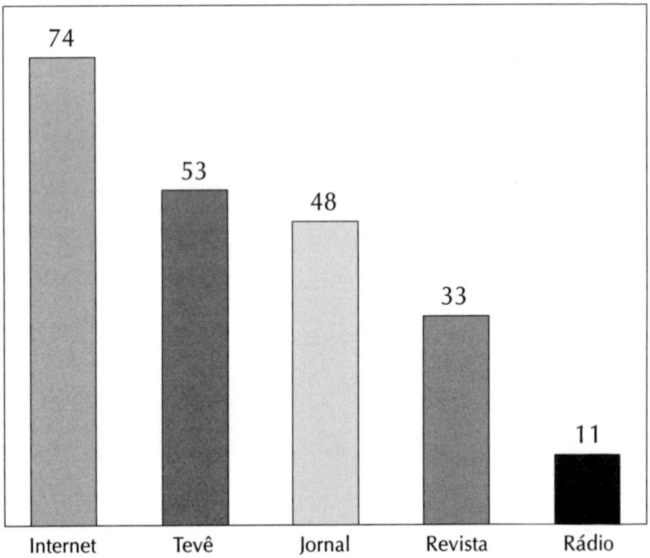

O que mais chama a atenção em uma notícia on-line?

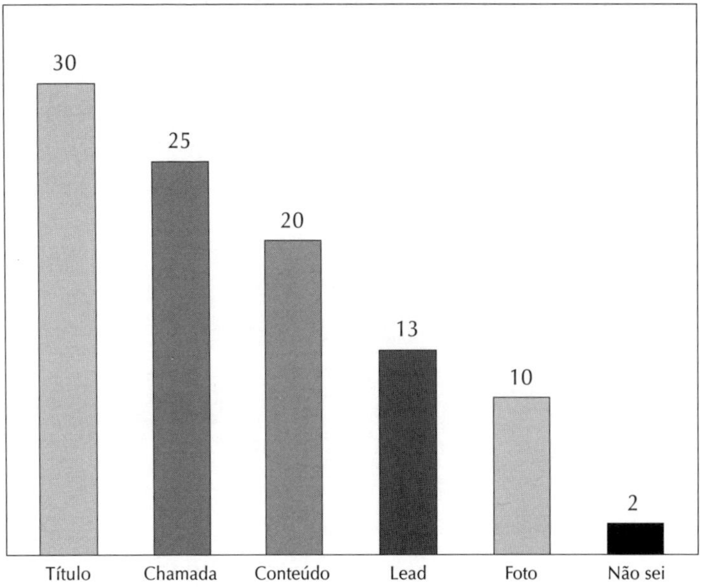

De que forma as notícias deveriam ser escritas na Web?

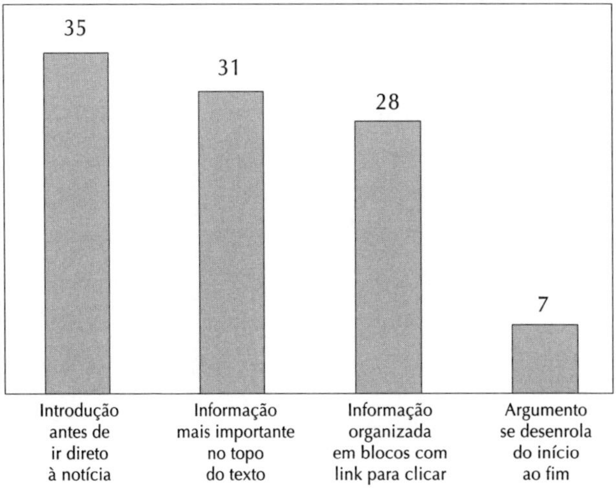

Que tipo de estrutura de texto um jornal deveria privilegiar ao planejar uma notícia na Intenet?

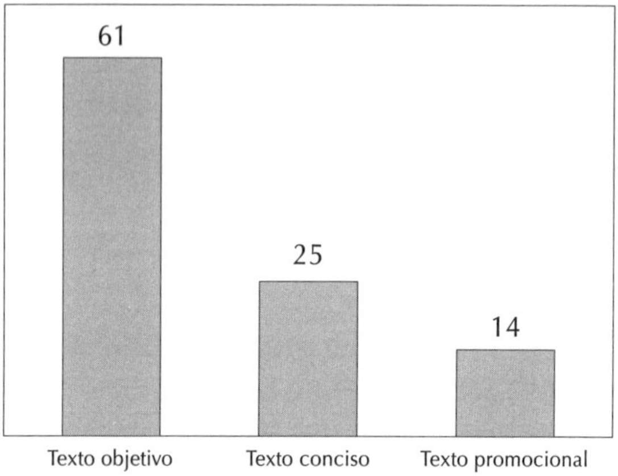

Que tipo de recurso deve ser privilegiado para dar mais importância à informação?

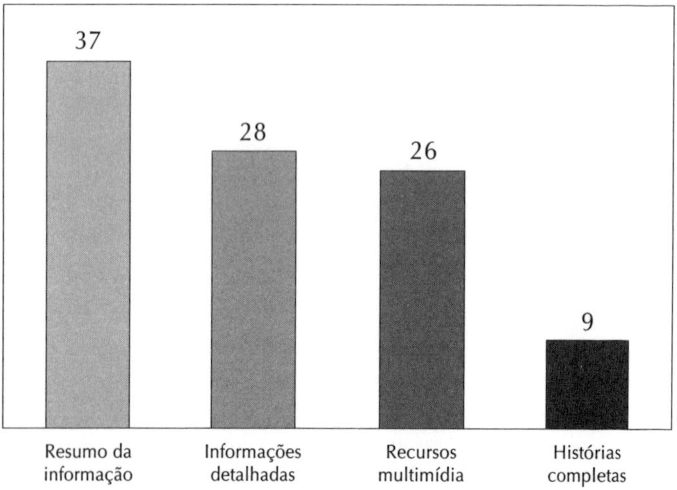

Freqüência com que navega

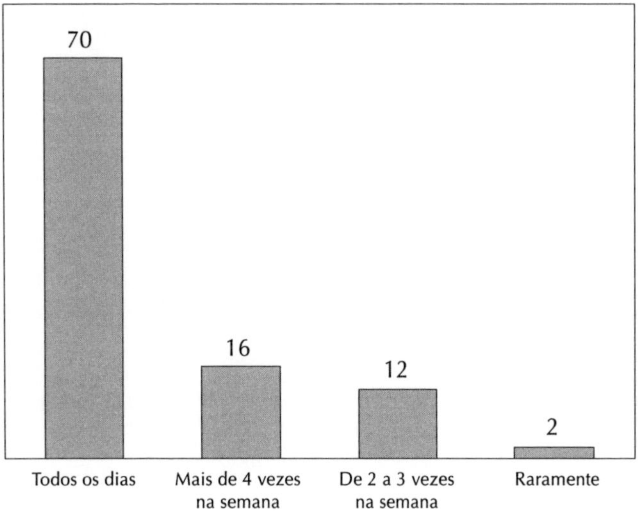

Local onde acessa

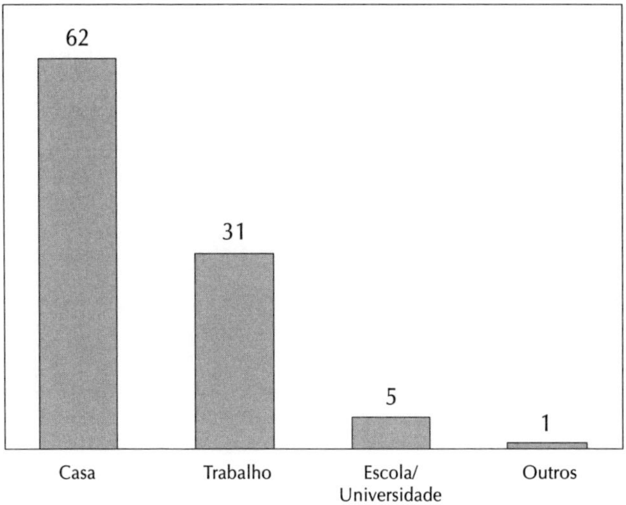

[Bibliografia]

ARMENTIA, José Ignacio *et al*. *El diario digital: análisis de los contenidos textuals, aspectos formales y publicitarios*. Barcelona: Bosch, 2000.

________________. "Las nuevas propuestas formales de la prensa española ante el fin de siglo: del protodiseño periodístico al diario de servícios". Em *Revista ZER*, nº 8, novembro de 1998.

BARBOSA, Suzana. "A informação de proximidade no jornalismo on-line". Em *Revista Contracampo* 7, vol. 7, 47-64, Dossiê Tecnologias. Niterói: Instituto de Arte e Comunicação Social, 2º semestre/2002b.

________________. *Jornalismo digital e a informação de proximidade: o caso dos portais regionais, com estudo sobre o UAI e o iBAHIA*. Dissertação de mestrado em Comunicação. Programa de Pós-Graduação em Comunicação e Cultura Contemporâneas. Salvador: Faculdade de Comunicação, Universidade Federal da Bahia, 2002.

BATTELLE, John. *A busca: como o Google e seus competidores reinventaram os negócios e estão transformando nossas vidas*. São Paulo: Campus, 2005.

BOCZKOWSKI, Pablo. "Redefining the On-line News. On-line Journalism Review". Califórnia, 8 de dezembro de 2004. Disponível em http://ojr.org/ojr/workplace/1075928349.php. Acessado em 18 de setembro de 2006.

________________. "The Developments and Use of On-line Newspapers: What Research Tells us and Qhat We Might Want to Know". Em *Handbook of Media*. Londres: Sage Publications, 2002.

BOLTER, Jay David. *Writing Space: the Computer, Hypertext and the History of Writing*. Hillsdale: Lawrence Erlbaum Associates, 1991.

BORGES, Clarissa. *Microportais regionais de cultura e entretenimento: um estudo comparativo do Austin 360º e do ZigNow*. Pesquisa Pibic/CNPq. Salvador: Faculdade de Comunicação da Universidade Federal da Bahia, 2004.

CASTILHO, Carlos. "Autoria compartilhada". Em *Observatório da Imprensa*. São Paulo: 1º de fevereiro de 2005. Disponível em http://observatorio. ultimosegundo.ig.com.br/artigos.asp?cod=314ENO001. Acessado em 18 de setembro de 2006.

________________. "Dez anos de esperanças e frustrações". Em *Observatório da Imprensa*. São Paulo, 11 de abril de 2005. Disponível em http://observatorio.ultimosegundo.ig.com.br/artigos.asp?cod=324ENO001. Acessado em 18 de setembro de 2006.

COSTA, Luciano Martins. Internet supera jornais em credibilidade. Em *Observatório da Imprensa*. São Paulo, 7 de dezembro de 2004. Disponível em http://observatorio.ultimosegundo.ig.com.br/artigos.asp?cod=306ENO001. Acessado em 18 de setembro de 2006.

ECO, Umberto. "Muito além da internet". Em *Folha de S.Paulo*. São Paulo, 14 de dezembro de 2003, Caderno Mais!. Disponível em http://www1.folha.uol.com.br/fsp/mais/fs1412200304.htm. Acessado em 18 de setembro de 2006.

EDMONDS, Rick. "Readers vs. Subscribers". Disponível em http://www.poynter.org./dg.lts/id.8084/content.content_view.htm. Acessado em 18 de setembro de 2006.

FIDLER, Roger. *Mediamorfosis: compreender los nuevos medios*. Barcelona: Granica, 1998.

GUROWITZ, Hélio. *Jornal sem papel: uma proposta de jornalismo para a rede Internet*. Monografia. São Paulo: ECA/USP, 1995.

HUESCA, Robert & DERVIN, Brenda. "Hypertext and Journalism: Audiences Respond to Competing News Narrative". Em JENKINS, Henry & THORBURN, David. *Democracy and New Media*. Cambridge: MIT Press, 2003.

KILIAN, Crawford. *Writing for the Web*. Vancouver: International Self-Counsel Press, 1999.

LAGE, Nilson. *Estrutura da notícia*. São Paulo: Ática, 1993.

MACHADO, Elias. *A intranet como modelo de gestão no jornalismo digital*. Em VII Congreso Latino-Americano Ciências da Comunicação. Argentina, 2004.

________________. *O banco de dados como espaço para composição de narrativas*. Em II Encontro de Pesquisadores em Jornalismo. Salvador, 2004.

________________. "O jornal digital como epicentro das redes de circulação de notícias. Em *Pauta Geral: Revista de Jornalismo*. Salvador: Calandra, 2002.

MERRITT, David. *Public Journalism: Where It Has Been; Where It Is Headed*. Hillsdale, 2 de julho de 2002. Disponivel em http://www.imdp.org/artman/publish/article_14.shtml. Acessado em 18 de setembro de 2006.

MIRANDA, Milena. *O jornalismo em portais regionais: um estudo comparativo dos casos IBahia e A Tarde On-line*. Pesquisa Pibic/CNPq. Salvador: Faculdade de Comunicação, Universidade Federal da Bahia, 2004.

MOHERDAUI, Luciana. "Apontamentos sobre o conceito de usuário". Artigo para disciplina de mestrado Teoria do Signo e da Interpretação, ministrada pelo professor-doutor Giovandro Ferreira. Salvador: Faculdade de Comunicação, Universidade Federal da Bahia, maio de 2004.

________________. *Diários paulistanos na Web*. São Paulo: Uniban, 1999.

________________. *A integração das mídias no Grupo A Tarde*. Em V Congreso Iberoamericano de Periodismo em Internet. Salvador, 2004. CD-ROM.

________________. "O usuário dos sites noticiosos: uma forma de apresentar o consumidor de notícias on-line a partir da análise do iG e do UOL". Em Encontro Nacional de Pesquisadores em Jornalismo (SBPJor). Salvador, 2004. CD-ROM.

NIELSEN, Jacob. *Inverted Pyramids in Cyberspace*. Disponível em http://www.useit.com/alertbox/9606.html. Acessado em 14 de novembro de 2006.

NOCI, Javier Díaz. *La escritura ciberperiodistica – Apuntes*. Em Grupo de pesquisa em jornalismo digital. Disponivel em http://www.facom.ufba.br/jol/atividades_cursos_diaznoci.htm. Acessado em 18 de setembro de 2006.

________________. *Hipertexto e jornalismo digital*. Em Grupo de pesquisa em jornalismo digital. Disponivel em http://www.facom.ufba.br/jol/atividades_cursos_diaznoci.htm. Acessado em 18 de setembro de 2006.

PALACIOS, Marcos & MIELNICZUK, Luciana. "Considerações para um estudo sobre a notícia na Web: o link como elemento paratextual". Em Grupo de Estudos em Jornalismo Digital. Salvador: Faculdade de Comunicação Social – Universidade Federal da Bahia, 2001. Disponível em http://www.facom.ufba.br/jol/pdf/2001_mielniczuck_linkparatextual.pdf. Acessado em 18 de setembro de 2006.

PRADO, Ana. *Informação Fast Food: um estudo de caso do jornal* Último Segundo *do portal iG*. Dissertação de mestrado em comunicação. Programa de Pós-Graduação em Comunicação e Cultura Contemporâneas. Salvador: Faculdade de Comunicação Universidade Federal da Bahia, 2002.

SAAD, Beth. *Estratégias para a mídia digital*. São Paulo: Editora Senac São Paulo, 2003.

"THE STATE of News Media: an Annual Report on American Journalism". Em Journalism.org. Disponível em http://stateofthemedia.org/2006/. Acessado em 18 de setembro de 2006.

"UMA LINGUAGEM em construção". Em *Observatório da Imprensa*. São Paulo, 11 de janeiro de 2005. Disponível em: http://observatorio.ultimosegundo.ig.com.br/artigos.asp?cod=311ENO002. Acessado em 18 de setembro de 2006.

WOLTON, Dominique. "Terrorismo e comunicação política". Em *Revista Espiral*. São Paulo, 1º de dezembro de 2001. Disponível em http://www.eca.usp.br/nucleos/njr/espiral/ciberiaa9.htm. Acessado em 14 de novembro de 2006.

ZAMORA, Lyz Navarro. *Los periódicos on-line*. Madri: Editorial Universitaria Potosí, 2002.

[Links]

Jornalismo digital no Brasil e no exterior

ABCNews.com – http://www.abcnews.com
Blue Bus – http://www.bluebus.com.br
CNN – http://www.cnn.com
Diário de Notícias – http://www.diariodenoticias.pt
Diário de Pernambuco – http://www.estaminas.com.br
Diário de Portugal – http://www.diariodigital.pt
Diário do Nordeste – http://diariodonordeste.globo.com/
Dinheiro Vivo – http://www.dinheirovivo.com.br/IndexesList.aspx
Clarín – http://www.clarin.com
El Diário de Monterrey – http://www.milenio.com/monterrey/milenio/default.html
El Economista – http://www.economista.com.mx/
El País – http://www.elpais.es
El Mundo – http://www.elmundo.es
El Nacional – http://www.el-nacional.com
El Norte – www.elnorte.com

Reforma – http://www.reforma.com/
Excelsior – http://excelsior.com.mx
Folha de S.Paulo – http://www1.folha.uol.com.br/fsp/
Folha On-line – http://www.folha.uol.com.br/
O Globo – http://www.oglobo.com.br
iG – www.ig.com.br
InvestNews – http:/www.investnews.com.br
Jornal do Brasil – http://jbon-line.terra.com.br/
La Nación – http://www.lanacion.com
Liberátion – http://www.liberation.fr
MSNBC – http://www.msnbc.com
New & Observer – http://www.newsobserver.com/
O Estado de S. Paulo – http://www.estadao.com.br
Revista Caretas – http://www.caretas.pe
San Jose Mercury – http://www.mercurycenter.com
Terra – http://www.terra.com.br
The Guardian – www.guardian.co.uk
The New York Times – http://www.nytimes.com
The Tico Times – http://www.ticotimes.net/
Último Segundo – http://www.ultimosegundo.com.br
UOL – www.uol.com.br
Usa Today – http://www.usatoday.com
Star Tribune – http://www.startribune.com
Veja – http://www.veja.com.br
Wall Street Journal – http://www.wsj.com
Washington Post – http://www.washingtonpost.com
Zero Hora – http://www.zerohora.com.br

Dicas de leitura e pesquisa

American Journalism Review – http://www.ajr.org/
Beth Saad – http://www.bethsaad.com.br/
Carole Rich – Newswriting for the Web, de 1998 – http://www.mhhe.com/socscience/comm/rich_bak/
Center for Digital Storytelling – http://www.storycenter.org/index1.html
Center for History and New Media – http://chnm.gmu.edu/index.php
Comitê Gestor da Internet – http://www.cg.org.br

Da Pirâmide Invertida ao Hipertexto – http://www.unav.es/fcom/mmlab/mmlab/investig/piram.htm

Descentralized Information Group – http://dig.csail.mit.edu/

Designing Genres for New Media: Social, Economic, and Political Contexts – http://dlis.gseis.ucla.edu/people/pagre/genre.html

Diários Paulistanos na Web – http://www.bocc.ubi.pt/_esp/autor.php?codautor=52

Diário Qué! – http://www.quediario.com/

Editor & Publisher – http://www.editorandpublisher.com/editorandpublisher/index.jsp

El reto de crear noticias on-line – http://www.ucm.es/info/multidoc/multidoc/revista/cuad6-7/noticias.htm

Eye Track 2000 – http://www.poynter.org/eyetrack2000/

Eye Track 2004 – http://www.poynterextra.org/eyetrack2004/index.htm

Guia de Internet para Jornalistas – http://www.unav.es/fcom/guia/

Especiais multimídia El Mundo – http://www.elmundo.es/graficos/multimedia/internacional_hist.html

Especiais multimídia El País – http://www.elpais.es/afondo.html

Grupo de estudos em jornalismo digital da Faculdade de Comunicação da Universidade Federal da Bahia http://www.facom.ufba.br/jol

Interactive Narratives – http://www.interactivenarratives.org/

Internet archive – http://www.archive.org/index.php

Instituto Ibope – http://www.ibope.com.br

Jacob Nielsen – http://www.useit.com

Journalism.org – http://www.journalism.org/

Jornalistas da Web – http://www.jornalistasdaweb.com.br/

MIT Mídia Lab – http://www.media.mit.edu/

Mindy McAdams – http://mindy.mcadams.com/

Multimidia New York Times – http://nytimes.com/pages/multimedia/index.html

Multimidia Washington Post – http://www.washingtonpost.com/wp-dyn/content/photo/?nav=globetop

Nielsen NetRatings – http://www.netratings.com/

New Media Timeline – www.poynter.org/nmt

Newspaper Association of America – http://www.naa.org/

On-line Journalism Review – http://www.ojr.org

On-line Journalism Awards – http://www.on-linejournalismawards.org

Parem as Máquinas – http://www.uol.com.br/Internet/parem (até 2002)

Periodismo Digital – http://www.unmsm.edu.pe/eventos/2006/m8/pdigital/

Pew Research – http://people-press.org/

Pew Internet & American Life Project – http://www.pewinternet.org/

Pew Center for civic journalism – http://www.pewcenter.org/

Portcom – Rede de Informação em Comunicação em Países de Língua Portuguesa – http://www.portcom.intercom.org.br/

Poynter Color Project – http://www.poynter.org/special/colorproject/index.html

Poynter Institute – http://www.poynter.org

Projetos de Escrita Não-Linear – http://www.unav.es/digilab/proyectosenl/0001/

SNDies – New Media Competition – http://www.sndies.com/

State of Media – http://stateofthemedia.org/2006/

Technorati – http://www.technorati.com/

The Elements of Digital Storytelling – http://www.inms.umn.edu/Elements/

Tim Bernes Lee Research – http://www.w3.org/People/Berners-Lee/Research

Blogosfera

3.0 Periodismo Argentino – http://www.3puntocero.com.ar/

ALAIC/Red de Investigación – http://www.espacioblog.com/alaic-internet

Atrium – http://atrium.wordpress.com/

Blog de Octavio Islas – http://www.espacioblog.com/octavio-islas

Blog Notes de G. Granieri – http://www.bookcafe.net/blog/

Blogouve-se – http://ouve-se.blogspot.com/

Carnet de Notes – http://www.facom.ufba.br/ciberpesquisa/andrelemos/

Código Aberto – http://observatorio.ultimosegundo.ig.com.br/blogs.asp?id_blog=2b

Creative Commons Weblog – http://creativecommons.org/weblog

Dan Gilmor On Glassroots Journalism – http://dangillmor.typepad.com/dan_gillmor_on_grassroots/

Dialógica – http://www.dialogica.com.ar/

Digitalismo – http://digitalistas.blogspot.com/

e-Blog – http://www.eblog.com.ar/

e-Cuaderno – http://ecuaderno.com/

e-dentidad – http://www.mariapastora.cl/
Engrenagem – http://www.jppereira.com/engrenagem/
E-nred@dos – http://e-nredados.blogspot.com/
e-Periodistas – http://e-periodistas.blogspot.com/
Filosofitis – http://www.ilhn.com/filosofitis/
Global Voices On-line – http://www.globalvoicesOn-line.org/
Grupo Periodismo Digital – http://grupoperiodismodigital.blogspot.com/
Innovations in Newspapers – http://www.innovationsinnewspapers.com/
Intermezzo – http://intermezzo-weblog.blogspot.com/
JD Lassica – http://www.jdlasica.com/
Jornalismo Digital – http://webjornalismo.blogspot.com/
Jornalismo e Comunicação – http://webjornal.blogspot.com/
Jornalismo e Internet – http://gjol.blogspot.com/
Jornalismo e Sociedade – http://www.gersonmartins.blogspot.com/
JornalismoPortoNet – http://jpn.icicom.up.pt/
Jornalistas da Web – http://www.jornalistasdaweb.com.br/
Letra Suelta – http://letrasueltaperu.blogspot.com/
Limc – http://www6.ufrgs.br/limc/blog/
Media in Transition – http://nml.ru.ac.za/maher/
Mirá! – http://www.juliangallo.com.ar/
On-line Journalism – http://ojournalism.blogspot.com/
Pablo Mancini – http://www.pablomancini.com.ar/
Periodismo Multimedia – http://diariomultimedia.blogspot.com/
Periodista Digital – http://www.periodistadigital.com/blog_zone/
Periodistas 21 – http://periodistas21.blogspot.com/
Ponto Jol – http://www.jornalistasdaweb.com.br/index.php?pag=pontoJol
Ponto Media – http://www.ciberjornalismo.com/pontomedia/
Scene Digitali – http://vittoriozambardino.blog.kataweb.it/scene_digitali/
Sin Papel – http://juancarloslujan.blogspot.com/
Sobre Jornalismo – http://sobrejornalismo.blogspot.com/
Teaching On-line Journalism – http://tojou.blogspot.com/

Open Source

Blogger – http://www.blogspot.com
Bloglines – http://www.bloglines.com
Center for Citizen Media – http://citmedia.org

Craiglist – http://sfbay.craigslist.org
Creative Commons – http://www.creativecommons.org
Creative weblogging – http://www.creative-weblogging.com/
DEL.ICIO.US – http://www.delicious.com
Digg – http://www.digg.com
Ebay – http://www.ebay.com
Estadão – http://www.estadao.com.br/imagens/fotoreporter/index.htm
Fotolog – http://www.fotolog.com
Flickr – http://www.flickr.com/
Friends Reunited – http://www.friendsreunited.com
iG – http://minhanoticia.ig.com.br/como_participar.html
IMC – Independent Media Center – http://www.indymedia.org/
IPODDER – http://www.ipodder.com
I Tunes – http://www.itunes.com
Mercado livre – http://www.mercadolivre.com.br
Metalfilter – http://www.metafilter.com
MySpace – http://www.myspace.com
Nootebook – http://www.google.com/notebook
O Globo – http://oglobo.globo.com/participe e http://oglobo.globo.com/opiniao/
OhmyNews – http://english.ohmynews.com/
Orkut – http://www.orkut.com
Overmundo – http://www.overmundo.com.br/
Qué Diário – http://www.quediario.com
Scoopt.com – http://www.scoopt.com
Slashdot – http://www.slashdot.com
Terra VC repórter – http://www.terra.com.br/vcreporter/
UOL Mural – http://tecnologia.uol.com.br/painel
Wired Wiki – http://www.socialtext.net/wired/index.cgi
Wikipedia – http://www.wikipedia.com
You Tube – http://www.youtube.com

[Índice geral]